mente

Prácticos
Vivir Mejor

Valentín Fuster y Luis Rojas Marcos

Corazón y mente

Claves para el bienestar físico y emocional

En colaboración con Emma Reverter

Planeta
ESPASA

El papel utilizado para la impresión de este libro está calificado como **papel ecológico** y procede de bosques gestionados de manera **sostenible**.

Ilustración de la cubierta: © mot_studio
Fotografía de la cubierta: © Daniel Pangbourne
Primera edición en esta presentación en Colección Booket: enero de 2012
Segunda impresión: marzo de 2016
Tercera impresión: abril de 2017
Cuarta impresión: noviembre de 2020
Quinta impresión: diciembre de 2022

Depósito legal: B. 41.038-2011
ISBN: 978-84-08-11132-0
Impresión y encuadernación: QP PRINT
Printed in Spain - Impreso en España

Valentín Fuster (Barcelona, 1943) es cardiólogo, director del Instituto Cardiovascular del hospital Mount Sinai de Nueva York, presidente científico del Centro Nacional de Investigaciones Cardiovasculares español y presidente de la Federación Mundial del Corazón. Sus investigaciones sobre el origen de los accidentes cardiovasculares le valieron en 1996 el Premio Príncipe de Asturias de Investigación. Es autor de *La ciencia de la salud*, junto con Josep Corbella; *La ciencia y la vida*, junto con José Luis Sampedro y Olga Lucas; *Corazón y mente*, junto con Luis Rojas Marcos y Emma Reverter; *Monstruos supersanos*; *La pequeña ciencia de la salud*; *La cocina de la salud*, junto con Ferran Adrià y Josep Corbella; y también *El círculo de la motivación*, junto con Emma Reverter.

Luis Rojas Marcos (Sevilla, 1943) reside en Nueva York desde 1968 y se dedica a la psiquiatría y la salud pública. En 1992 fue nombrado jefe de los Servicios de Salud Mental del municipio neoyorquino. Desde 1995 hasta 2002 dirigió el Sistema de Hospitales Públicos de Nueva York. En la actualidad es profesor de Psiquiatría en la New York University y miembro de la Academia de Medicina de la misma ciudad. En 2005 fue nombrado por la legislatura del Estado de Nueva York miembro del Consejo de Medicina, el organismo oficial que regula la profesión médica; y en 2008 fue designado por la misma legislatura miembro del Consejo para Educación en Cuidados Paliativos. En España es patrono de la Fundación "la Caixa", patrono de honor de la Fundación ADANA, y colabora con instituciones dedicadas a temas sociales y de salud. Es autor, entre otras obras, de *Las semillas de la violencia* (Premio Espasa de Ensayo 1995), *La fuerza del optimismo*, *La autoestima*, *Superar la adversidad*, *Eres tu memoria* y *Todo lo que he aprendido*. En 2010 recibió la Medalla de la Orden de las Artes y las Letras de España.

luisrojasmarcos.com

Emma Reverter es una periodista, escritora y jurista de Barcelona. En la actualidad vive en Nueva York y colabora en distintos medios de comunicación. Licenciada en Derecho y en Periodismo, sus textos sobre política internacional y cultura se han publicado en numerosos medios. Reverter ha seguido la evolución de la cárcel de Guantánamo, Cuba, desde su puesta en funcionamiento y en 2004 publicó el libro *Guantánamo, prisioneros en el limbo de la legalidad internacional*. Es también autora de la novela *Citas en Manhattan* (Booket, 2009).

Índice

Agradecimientos

Como podéis imaginaros, queridos lectores, este libro ha sido fruto de la labor de muchos. Y nos gustaría mencionar y expresar nuestra gratitud a las personas que han jugado un papel especial en el empeño.

En primer lugar situamos a Emma Reverter. Sencillamente, sin su inagotable entusiasmo, sus intuitivas ideas y su extraordinaria pericia editorial, este trabajo nunca hubiese visto la luz del día.

También nos gustaría manifestar nuestro agradecimiento a los amigos de las editoriales Espasa y Planeta; en particular a Ana Rosa Semprún, Pilar Cortés y David Figueras, por su iniciativa, su confianza y apoyo. A Jennifer W. Tsai, ayudante de Valentín en el Hospital Monte Sinaí, le damos mil gracias por coordinar, siempre hábil y amablemente, las múltiples reuniones que ha requerido esta tarea de equipo.

Finalmente, queremos expresar nuestro más profundo reconocimiento y gratitud a los verdaderos protagonistas de esta obra: los pacientes. Esos ángeles anónimos, cuyas identidades fueron desde el primer momento disfrazadas y permanecerán para siempre en el incógnito, no sólo nos han permitido ilustrar con realismo y emotividad la indivisibilidad del cuerpo y de la mente. Aún más, a través de sus tribulaciones y cualidades vitales, nos han ayudado a entender y a valorar la importancia de cuidar y nutrir los rasgos saludables de nuestra naturaleza que nos protegen de las dolencias y nos impulsan a resistir y superar la adversidad.

El deseo de curarnos constituye la mitad de nuestra salud.

Séneca, *Hipólito (Fedra), 50 a. J.C.*

Introducción

Lo único que poseemos los seres humanos con un grado razonable de certeza es nuestro cuerpo, la materia de carne y hueso que da forma a nuestro ser. Formado por una mezcla maravillosa de oxígeno, hidrógeno, carbono, nitrógeno, calcio, hierro y otros muchos elementos químicos sólidos, líquidos y gaseosos, el organismo humano engloba unos setenta y pico billones de células enlazadas entre sí, rebosantes de dinamismo y vitalidad.

La conciencia de nuestro cuerpo es el primer pilar de nuestra individualidad. No hay más que ver la reacción de alegría que expresan los bebés de pocas semanas cuando se percatan de lo que pueden hacer con sus manos y piernas. Y no digamos cuando, meses después, señalan ufanos su cuerpo y se refieren a sí mismos con orgullo usando pronombres como «yo», «mí» o «mío».

A través de los órganos de los sentidos y los múltiples receptores localizados en el interior de nuestro cuerpo percibimos y nos relacionamos con el mundo y los demás. Y cuando no gozamos del buen funcionamiento de todos los sentidos, compensamos la carencia de unos agudizando la sensibilidad de otros. Sirva de muestra la escritora estadounidense ciega y sordomuda Helen Keller. Para esta mujer vitalista, el sentido del olfato se convirtió en «un hechicero poderoso que nos transporta a los años que hemos vivido [...] olores instantáneos y fugaces hacen que mi corazón se dilate de alegría o se contraiga con el recuerdo de un dolor».[1]

Todos los órganos del cuerpo desempeñan un papel fundamental en la integridad de nuestro ser, pero el motor que los mantiene con vida es el corazón. Esta incansable máquina, tan asombrosa como misteriosa, se dilata y se contrae unas cien mil veces al día y bombea seis litros de sangre por minuto a través de cientos de metros de vasos sanguíneos, transportando así el oxígeno, las hormonas y las sustancias nutritivas necesarias para renovar segundo a segundo nuestra energía vital. El ser humano no ha sido capaz de fabricar máquinas tan perfectas como el corazón. Mientras que aviones que transportan a cientos de pasajeros y cruzan océanos tienen que ser reparados con regularidad y revisados por equipos de ingenieros, el corazón es capaz de autorrepararse y seguir latiendo durante décadas.

Gracias a la asombrosa fortaleza y eficiencia del músculo cardíaco, cada célula recibe puntualmente el sustento diario. Sin embargo, la misión esencial del corazón se centra en conservar viva esa portentosa masa blanda, caliente y pulsátil, compuesta de incontables enlaces urdidos por millones de neuronas, que ocupa la parte anterior y superior del cráneo y que llamamos *cerebro*. Precisamente es en el cerebro donde se forja la mente humana. En este conglomerado de células nerviosas se enciende la luz de la conciencia, se lleva a cabo la introspección, se construye nuestra identidad, se fragua el lenguaje, se alimenta la autoestima, se desarrolla el carácter, se almacenan el conocimiento y las experiencias que vivimos, se cuecen las emociones y las ideas, y se dirigen nuestros comportamientos. Es verdaderamente difícil imaginar un ser humano sin las

1. *The Story of My Life*, 1902.

figura 1

VISTA EXTERIOR E INTERIOR DEL CORAZÓN

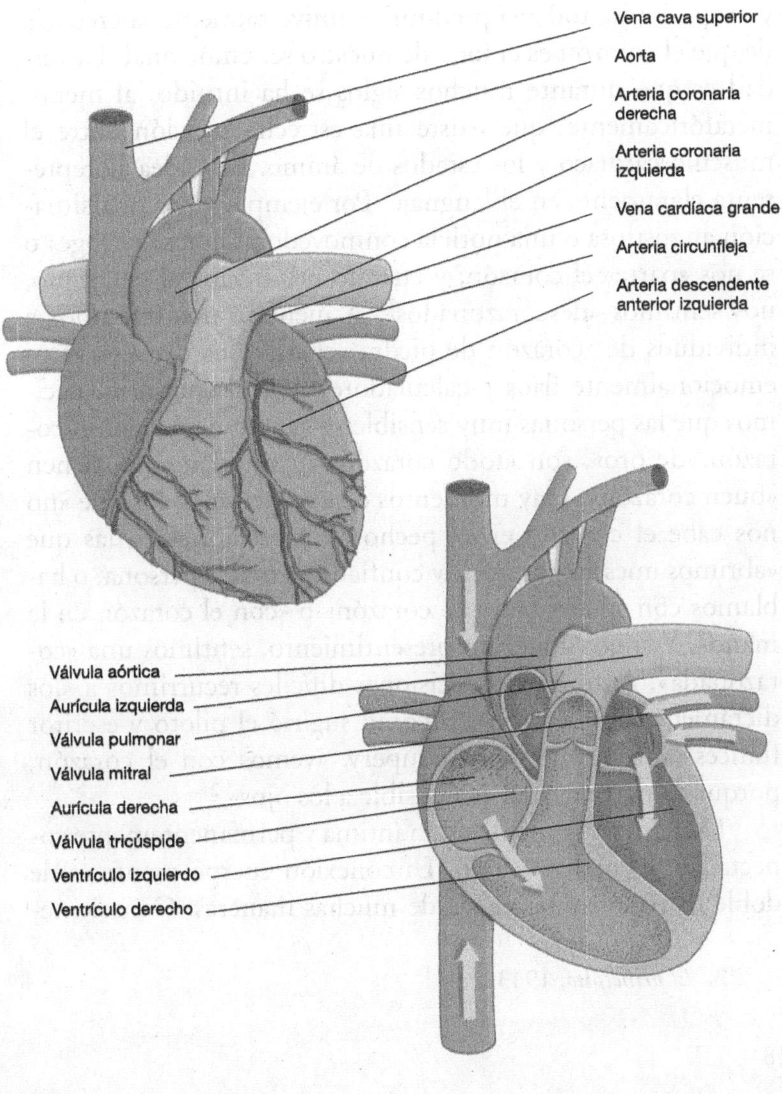

cualidades de la mente. Una vida sin autobiografía en la que las personas más queridas nos parezcan extrañas. Una existencia sin conciencia de uno mismo en la que no sea posible pensar como pensamos ni sentir como sentimos.

Resulta curioso que pese a la indiscutible evidencia que localiza en el cerebro el centro de los sentimientos, los deseos y las pasiones, todavía predomine universalmente la creencia de que el corazón es el foco de nuestro ser emocional. La verdad es que durante muchos siglos se ha intuido, al menos metafóricamente, que existe una estrecha relación entre el músculo cardíaco y los estados de ánimo. Esta idea se representa claramente en el lenguaje. Por ejemplo, ante una situación angustiosa o una noticia conmovedora se nos «encoge» o se nos «parte» el corazón; y cuando nos invade el desánimo, nos sentimos «descorazonados». A menudo nos referimos a individuos de «corazón de piedra» cuando los consideramos emocionalmente fríos y calculadores. Por el contrario, decimos que las personas muy sensibles y generosas tienen un corazón «de oro», son «todo corazón» o, simplemente, tienen «buen corazón». Hay momentos de excitación en los que «no nos cabe el corazón en el pecho», o situaciones en las que «abrimos nuestro corazón» y confiamos en otra persona, o hablamos con sinceridad, «de corazón» o «con el corazón en la mano». Y si nos asalta un presentimiento, sentimos una «corazonada». Ante ciertas decisiones difíciles recurrimos a «los dictámenes del corazón», o como sugirió el piloto y escritor francés Antoine de Saint-Exupéry, «vemos con el corazón, porque lo más esencial es invisible a los ojos».[2]

El cuerpo y la mente están íntima y permanentemente conectados, forman un todo. La conexión cuerpo-mente es de doble dirección y se realiza de muchas maneras. Consciente-

2. *El principito*, 1943.

mente, a través de los nervios motores y sensoriales periféricos. Pero principalmente, y sin darnos cuenta, por medio del sistema nervioso vegetativo y del sistema endocrino, que regulan el funcionamiento automático de los órganos del cuerpo. Por ejemplo, estados de ansiedad o estrés persistentes pueden alterar el eje hipotalámico-hipofisario-suprarrenal. Este eje conecta el hipotálamo (responsable de graduar las emociones y las funciones básicas como la temperatura, el hambre y el dolor) con la hipófisis, la glándula situada en la base del cráneo que se encarga de producir las hormonas que estimulan las suprarrenales, que a su vez controlan nuestra capacidad de responder a las situaciones peligrosas y afectan la presión arterial, el ritmo del corazón y la respiración. De igual forma, las emociones intensas y duraderas pueden alterar la actividad de ciertas sustancias transmisoras cerebrales (como la serotonina y la dopamina), encargadas de modular nuestro estado de ánimo.

Para entender el cuerpo humano es preciso entender la mente. Y para entender la mente, o la parte de nuestro ser que piensa, quiere, fantasea y siente, es importante entender el cuerpo. En realidad no existe incongruencia entre los poderes del cuerpo y las virtudes de la mente. La afirmación, tan antigua como universal, «mente sana en cuerpo sano» viene al caso. Recordemos que la salud consiste en «el estado de completo bienestar físico, mental y social».[3]

La idea de escribir este libro surgió hace años. Aunque trabajamos en instituciones, centros médicos y universidades distintas de Nueva York, a lo largo de las dos últimas décadas hemos coincidido en conferencias y actos a uno y otro lado del Atlántico. Ambos compartimos experiencias importantes: crecimos en la España franquista, estudiamos Medicina, emigra-

3. Definición de la Organización Mundial de la Salud (OMS).

mos a Estados Unidos y en la actualidad trabajamos en grandes hospitales de la ciudad. Curiosamente, los dos compartimos también la necesidad de probar nuestro cuerpo (Valentín sube montañas en bicicleta y Luis corre maratones). Además coincidimos en haber tenido abuelos maternos que fueron médicos rurales. Queríamos escribir un libro que pudiera explicar de una forma sencilla y práctica la conexión entre el corazón y la mente, así como la importancia de promover la salud y de la medicina preventiva. Durante mucho tiempo, nuestras agendas nos impidieron impulsar este proyecto común. También una reserva compartida: que un libro de estas características pudiera resultar demasiado etéreo o abstracto. Hasta que dos años atrás se nos ocurrió que una forma de conseguir que el libro fuera más concreto e ilustrativo para el lector sería mediante casos de pacientes reales. Fue entonces cuando los dos decidimos invitar a Emma a participar en el proyecto para que ella, como escritora, pudiera convertir nuestros casos en «cuentos» o historias interesantes para el lector. Si bien todos los casos son reales, hemos cambiado nombres, profesiones y otra información sobre los pacientes para respetar su intimidad y evitar que puedan ser reconocidos. El resultado del trabajo conjunto de los tres son veinte relatos que se inician con un misterio, el problema del paciente, y concluyen con un diagnóstico y nuestras reflexiones sobre cómo prevenir o curar la dolencia que padece el protagonista y sobre temas o cuestiones importantes que sus historias sacan a colación.

Nuestro objetivo es compartir una serie de lecciones que hemos aprendido a lo largo de varias décadas de dedicación al campo de la salud. Concretamente, la profunda conexión que existe entre el cuerpo y la mente, el valor terapéutico de la empatía en Medicina, la importancia de promover la salud, de la prevención. Estamos convencidos de que para desarrollar al máximo las posibilidades de vivir sanos y contentos, no sólo hay que ganarle la batalla a las enfermedades, sino que es igual de importante nutrir los rasgos saludables de nuestra naturaleza que nos ayudan a protegernos de las agresiones físicas y mentales que sufrimos durante nuestro paso por el mundo, y robustecer la capacidad para superar las adversidades inevitables de la vida. En este sentido, apostamos por el poder curativo del optimismo y la capacidad de los seres humanos de encontrar la oportunidad en las crisis.

Para ilustrar con casos reales estas ideas, hemos utilizado veinte historias de hombre y mujeres que acudieron a la consulta de Valentín. Son hombres y mujeres de todas las edades y diversos niveles socioeconómicos, que se presentan cronológicamente y que se enfrentan a problemas físicos y psicológicos en muchos de los casos típicos de la edad, y cuyo tratamiento requiere a menudo la participación de sus familiares y seres queridos, y la labor de profesionales de la Medicina y la Psicología.

No prometemos total originalidad. Nuestro interés por los temas de salud y por el estudio de los factores que contribuyen al bienestar y a la desdicha de los seres humanos viene de lejos, por lo que no hemos podido evitar repetir algunas ideas y opiniones ya mencionadas en trabajos anteriores. Nuestro deseo, queridos lectores, es que encontréis los relatos y conceptos que describimos a continuación interesantes, informativos y, sobre todo, útiles.

Capítulo uno

David: niño de 7 años con fatiga y palpitaciones

Valentín

Una pareja vino al hospital con su hijo de 7 años, David. El padre era profesor de universidad, la madre tenía una librería y el niño, mi paciente, era su único hijo. Acudían a mi consulta por recomendación de su pediatra. Un tiempo atrás, el niño se había quejado de que siempre estaba cansado y de que con frecuencia sentía que su corazón palpitaba con fuerza. El médico había percibido un soplo en el corazón. Los padres temían que su hijo pudiera tener una enfermedad cardíaca.

Lo primero que hice fue hablar con él. Me contó que estudiaba en un colegio privado y que se fatigaba cuando hacía esfuerzo físico, especialmente cuando subía escaleras o jugaba en el jardín del colegio, aunque esto último no ocurría a menudo, ya que prefería la compañía de su ordenador a la actividad física. Mi joven paciente estaba cansado, no dormía bien y, curiosamente, su corazón se aceleraba cuando estaba en clase.

El examen físico del niño demostró que tenía un peso excesivo para su edad y altura. Su índice de masa corporal (IMC) era de 22, el cual entra dentro de la categoría de

figura 2

ÍNDICE DE MASA CORPORAL EN NIÑOS Y NIÑAS DE 2 A 18 AÑOS

niños

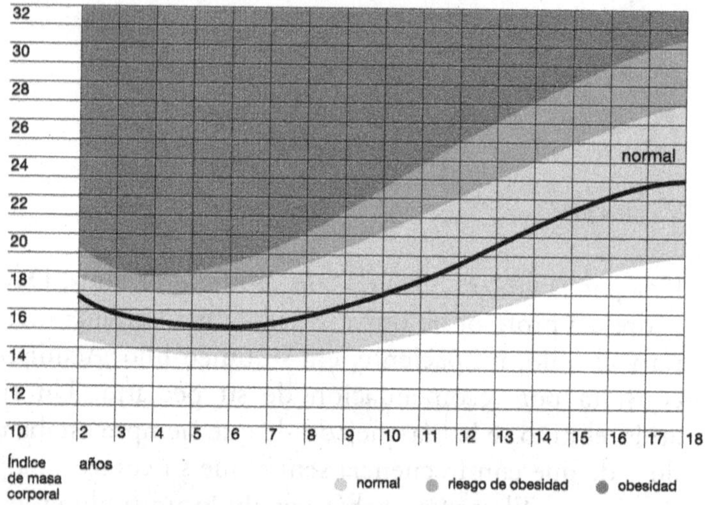

niñas

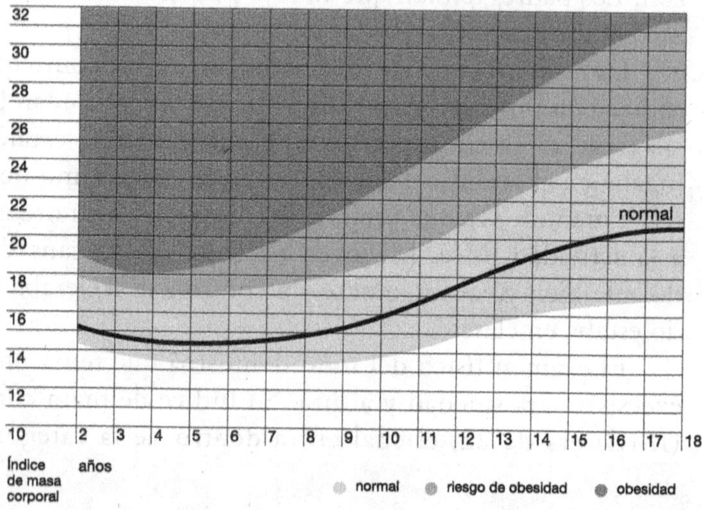

obesidad.[4] Pude apreciar que el soplo cardíaco[5] era inocuo y que su corazón estaba sano.

Hablé con los padres. Para ellos, el éxito académico de su hijo era una prioridad y le habían inculcado desde muy pequeño que tenía que luchar para ser admitido en una prestigiosa universidad del país, doctorarse con matrícula de honor y ser catedrático. Les pregunté si no lo estaban forzando con metas excesivas y emití el diagnóstico siguiente: niño forzado académicamente por los padres que sufre ansiedad.

Su corazón se aceleraba en la escuela porque era allí donde tenía que demostrar su valía. Estaba ansioso y dormía mal, lo cual le agotaba con facilidad. La ansiedad también explica en gran parte su obesidad, ya que en casa, cuando regresaba de la escuela, se atiborraba de galletas y dulces. En el colegio evitaba el ejercicio físico para no cansarse. Había entrado en un círculo vicioso del que era difícil salir sin cambiar sus hábitos de salud: cuanto menos ejercicio físico hacía, más obesidad y más dificultades para practicar ejercicio. En realidad, toda la sintomatología respondía a una ansiedad causada por las exigencias de los padres.

La felicidad y la salud como prioridades

Hablé con David y con sus padres por separado. A él le dije que, en realidad, lo más importante era sentirse bien consigo mismo y estar tranquilo. El pequeño lo captó; era muy recep-

4. El IMC se calcula dividiendo el peso (en kilogramos) por la altura (en metros) al cuadrado. Por ejemplo, en el caso que nos ocupa, el niño pesaba 33 kg y medía 1,22 m (33/1,22 al cuadrado).

5. Un sonido adicional que los médicos detectamos al auscultar el corazón del paciente.

tivo. En mi opinión, David sufría porque estaba intentando alcanzar una meta impuesta por sus padres e inalcanzable para él, y que no tenía ningún sentido a su edad. Le dije lo que tenía que hacer: comer menos y más sano, hacer alguna actividad física que le gustara y limitar las horas que pasaba frente al ordenador. El tiempo recomendado es de una a dos horas al día.

En general, es a la edad de mi joven paciente cuando se sientan las bases de unos hábitos saludables que más tarde nos beneficiarán como adultos. De la misma forma que es más fácil aprender idiomas o a tocar un instrumento musical cuando somos pequeños, también lo es aprender a cuidar nuestra salud. Es en la infancia cuando empezamos a gestar el infarto que tendremos como adultos e interiorizamos la importancia de practicar ejercicio físico y comer sano.

La prevención empieza en nuestra infancia. Por este motivo, como asesor en cuestiones de salud del programa infantil «Barrio Sésamo», hemos podido mejorar los hábitos de algunos de sus personajes más conocidos por los niños, como el Monstruo de las Galletas, que pese a que sigue comiendo las famosas galletas en ciertas ocasiones especiales, ha optado por una dieta más saludable, y en la actualidad prefiere comer fruta. Es el nuevo Monstruo de las Manzanas.

La dieta que se recomienda para los niños no es muy distinta a la ideal para un adulto. Las frutas, las verduras, los cereales y los pescados deben formar parte de su alimentación diaria, así como el agua. Debe limitarse el consumo de productos procesados, bollería, dulces y bebidas gaseosas. Si un niño no realiza ningún tipo de actividad física y sigue una dieta poco equilibrada, puede empezar a acumular grasa en las arterias, una lesión que puede derivar en problemas cardíacos más graves cuando sea adulto.

figura 3

PIRÁMIDE DE ALIMENTOS

Los especialistas en nutrición ilustran la composición de una dieta óptima en forma de una pirámide de seis pisos. Cada piso corresponde a un grupo de alimentos y cuanto más ancho es el piso, más frecuente debería ser el consumo del grupo de alimentos que aparecen en él.

Consumo ocasional

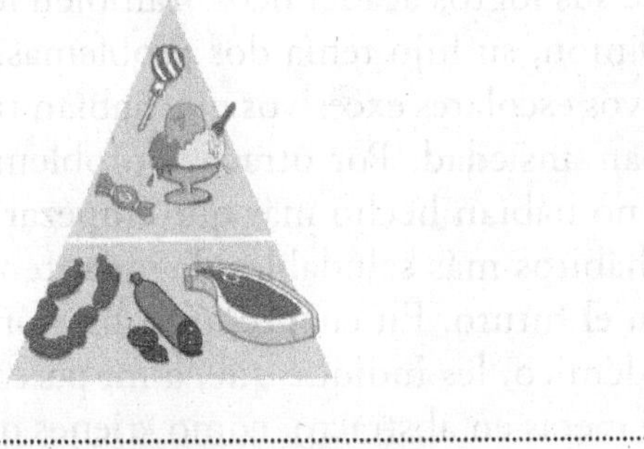

Consumo diario

Fuente: Sociedad Española de Nutrición Comunitaria (2004)

Realizar actividad física con regularidad no sólo evita el sobrepeso sino que mejora la autoestima del pequeño, que poco a poco se percata de que su cuerpo responde y de que mejora en agilidad y fortaleza. Éste es el mensaje que trasmití a mi joven paciente. Lo más interesante de la situación fue que mientras que el niño reaccionó bien, los padres, no. No aceptaron mi diagnóstico y siguieron insistiendo en la idea de que su hijo tenía un problema de corazón que yo no había sido capaz de detectar. Pese a su reacción, decidí decirles que la felicidad del niño y su salud eran más importantes que sus logros académicos. También les expliqué que, en mi opinión, su hijo tenía dos problemas. Por una parte, los objetivos escolares excesivos que habían trazado para él le provocaban ansiedad. Por otra, los problemas de salud del pequeño no habían hecho más que empezar y si no adoptaba unos hábitos más saludables de vida, tendría serios problemas en el futuro. En cuanto a la obsesión de que su hijo fuese académico, les indiqué que, a mi parecer, era un error hablar de metas en abstracto, como «tienes que ser el primero de la clase» o «necesitas una media de sobresaliente para que en un futuro te acepten en las mejores universidades del país». Es más constructivo inculcar a los hijos la importancia de un método de estudio sin agobiarles con metas y sueños que se harán realidad o no. Por ejemplo, tener un horario concreto para estudiar o hacer los deberes, limitar el consumo de televisión o dormir bien por la noche. Cuando se utiliza la metodología adecuada, el niño rinde lo que puede rendir y llega hasta donde puede llegar, conforme a su capacidad y sus aptitudes.

Los padres no estaban preparados para aceptar este nuevo planteamiento. A diferencia de los niños, que están más abiertos a nuevos planteamientos y opiniones, los adultos suelen tener un esquema fijo de valores y principios, y es muy difícil que puedan aceptar que sus nociones sobre cómo cuidar y educar a sus hijos no sean las más adecuadas. Esta pareja ya tenía una idea fija de ver las cosas y de actuar.

No aceptaron mi diagnóstico y se fueron a otro cardiólogo. Éste practicó al niño todas las pruebas que yo había descartado por considerarlas innecesarias. Yo estaba seguro de mi diagnóstico y por este motivo en ningún momento me planteé hacer unas pruebas que el niño no necesitaba sólo para calmar a los padres. Esto ocurre muy a menudo en nuestra profesión. El enfermo o su familia no deben dominar el juicio clínico del médico, porque cuando esto ocurre, se suele entrar en una cadena interminable de pruebas innecesarias y costosas.

Un año más tarde, los padres me llamaron para darme las gracias. El niño no tenía ninguna patología cardíaca. Habían comprendido que parte de la ansiedad de David estaba provocada por sus exigencias.

Luis

Hasta principios del siglo xx, en el mundo occidental, la niñez se consideraba un período breve que a los 7 u 8 años desembocaba, como por arte de magia, en la mayoría de edad. Pese a esa autonomía moral que la mayoría de edad significaba, los niños carecían de derechos, eran esencialmente objetos de utilidad. Los padres no dudaban en usarlos en su propio beneficio material, lo que no resultaba difícil, pues eran mano de obra barata, obediente y segura desde muy temprano. Sin embargo, en las últimas décadas, la percepción de la niñez se ha humanizado gracias al conocimiento de los procesos psicológicos que rigen la formación de la persona. Nadie duda que la calidad de vida de los niños ha mejorado ostensiblemente. La educación ha dejado de ser el privilegio de unos pocos y en ningún otro momento han sido atendidos, respetados y protegidos tan rigurosamente como ahora.

Casi todas las teorías psicológicas sostienen que el desarrollo infantil está casi exclusivamente modelado por las conductas y actitudes de los padres hacia los niños. Esta idea ha llevado a generaciones de especialistas a creer, incorrectamente, que los progenitores son la única fuente de influencia determinante en los hijos, que controlan su desarrollo, configuran su futuro y son los responsables de sus virtudes, de sus defectos e incluso de sus enfermedades mentales. Para padres de hijos saludables, esta creencia, aunque ilusoria, es motivo de orgullo. Pero para aquellos con hijos problemáticos es causa inexorable de penosos sentimientos de incompetencia, angustia y culpabilidad.

En realidad, los niños son el resultado de la interacción entre la genética y el impacto de las vicisitudes del entorno familiar, escolar, social y cultural en el que crecen. A lo largo de los años, la calidad de esta interacción puede impulsar o detener el desarrollo de su potencial innato. Por lo tanto, aunque no podemos ignorar la dosis de responsabilidad que tienen los progenitores en los comportamientos buenos y malos de los pequeños, la verdad es que el dominio de los padres sobre los hijos no es definitivo. Un niño no es una «tabla rasa» en la que se graban los deseos y expectativas de sus progenitores, ni un ente pasivo moldeable al gusto de sus cuidadores. Esto me hace recordar las palabras del poeta libanés Jalil Gibran en *El profeta* (1923): «Nuestros hijos no son nuestros hijos, son los hijos y las hijas del anhelo de la vida, ansiosa por perpetuarse. Y aunque están a nuestro lado, no nos pertenecen. Podemos darles nuestro amor, pero no nuestros pensamientos. Porque ellos tienen sus propios pensamientos. Podemos dominar sus cuerpos, pero no sus almas. Porque sus almas habitan en la casa del futuro, cerrada incluso para nuestros sueños. Podemos esforzarnos en ser como ellos, mas no tratemos de hacerlos como nosotros. Porque la vida no retrocede ni se detiene en el ayer.»

Los hijos como inversión

La historia de David es típica de sociedades de consumo y competitivas en las que a menudo tener hijos se convierte para el padre, para la madre, o para ambos, en la gran oportunidad de hacer realidad sus sueños fantasiosos o nutrir su autoestima. Sin darse cuenta, estos padres no consideran a sus hijos seres independientes o individuales sino una prolongación de sí mismos: «Lo que mi hijo sea o no sea va a afectar a mi identidad y al concepto que los demás tengan de mí.» En el fondo, a la hora de configurar su identidad, mezclan atributos del pronombre personal «mi» y «mío».

Igualmente, no faltan progenitores que albergan una idea preconcebida de cómo van a ser sus hijos, incluso antes de tenerlos: «Mi hijo será el primer miembro de la familia que vaya a la universidad», «mi hija será pianista profesional». Esta representación mental profética que crean de sus descendientes puede estar alimentada por el deseo genuino de que gocen de una calidad de vida que ellos no tuvieron o consigan metas que para ellos han sido inalcanzables, o bien ser una forma de compensar sus propias limitaciones. Sea como fuere, si luego los hijos no satisfacen estas expectativas idealizadas, o incluso irracionales, y sus vidas se desarrollan por otros derroteros, lo más probable es que los padres se sientan profundamente fracasados y decepcionados. Por lo general, cuanto más se desvía un niño de la norma o las expectativas de los padres, mayor es el reto que plantea al equilibrio familiar. En casos extremos, estos pequeños con dolencias o problemas se convierten, sin querer, en motivo de amargos conflictos en el hogar y tensiones entre sus padres, que se ven desbordados por la frustración, la culpa y la recriminación mutua. Lo habitual es que la relación entre padres e hijos se resienta y la autoestima de los hijos corra un grave peligro.

David no era una extensión de sus padres, sino un ser individual con personalidad propia, cuyos talentos y deseos no coincidían necesariamente con las aspiraciones de ellos.

El espejo de la autoestima

Gracias a mi trabajo en Psiquiatría he dispuesto de un magnífico escenario en el que examinar la capacidad de las personas para ser conscientes de sí mismas y observarse interiormente. La introspección nos permite ser simultáneamente actores, espectadores y evaluadores de nosotros mismos y de nuestras vidas. Resulta verdaderamente fascinante contemplar a los niños construir el concepto de sí mismos y, una vez son adultos, comprobar cómo los juicios de valor que hacen de su persona moldean sus destinos.

La autoestima es la valoración que hacemos de nosotros mismos. Esta autovaloración es esencialmente íntima, personal y subjetiva, y se basa en nuestra percepción, más o menos positiva o negativa, de las diversas partes de nuestra persona y nuestra vida que consideramos relevantes. Según nuestras prioridades particulares, a la hora de valorarnos podemos incluir desde la habilidad para relacionarnos con los demás hasta el aspecto físico, pasando por rasgos de nuestro carácter, las capacidades, los logros o incluso las cosas materiales que poseemos o de que carecemos.

Como inciso recordaré que una alta autovaloración no

siempre es un dato psicológico saludable. Por ejemplo, bastantes personajes diabólicos de la historia no tenían problema de baja autoestima, sino todo lo contrario. Su alto aprecio de sí mismos estaba basado en tendencias y conductas egocéntricas, prepotentes y dañinas en aras del dominio y la subyugación de otros. Cuando hablamos, pues, de alta autoestima, es importante distinguir la autoestima saludable o constructiva de la autoestima narcisista o destructiva.

La capacidad para juzgarnos no aparece en un momento determinado sino que surge gradualmente durante la infancia. Por lo general, empieza a forjarse alrededor de los 4 años, cuando las criaturas comienzan a identificar las expectativas de sus padres o cuidadores y a compararlas con su propia habilidad para cumplirlas. Esto les lleva a sentirse bien si sus comportamientos se corresponden con los que los demás esperan de ellos, y a inquietarse si no coinciden. A la edad de David, los niños captan perfectamente las prioridades de sus padres. En su mayoría hacen esfuerzos para complacerles y obtener de ellos respuestas positivas. De hecho, los pequeños que no pueden satisfacer las esperanzas o ilusiones que albergan sus padres sobre ellos —por poco razonables o realistas que éstas sean—, no cuestionan el sentido común de sus progenitores, sino que se culpan a ellos mismos, se sienten fracasados y se rechazan a sí mismos.

Como ya advirtió Valentín, David se mostraba más ansioso y angustiado en el colegio. Su ansiedad era situacional, es decir, estaba directamente relacionada con unas circunstancias concretas. David se sentía bajo una fuerte presión académica y pensaba que la aprobación de sus padres dependía casi exclusivamente de su rendimiento escolar. Pero esto no era todo. Su obesidad le impedía practicar ejercicio físico y también repercutía negativamente en su autoestima, ya que en esta sociedad individualista en la que se idealiza el estar en buena forma física, los niños de 7 años son plenamente conscientes de que estar gordo no está bien visto y que los alumnos más populares son delgados, ágiles y atléticos. David se aislaba porque se sentía devaluado y evitaba exponerse a las críticas de sus compañeros. Éstos eran los motivos de que su nivel de ansiedad se disparara nada más cruzar la puerta del colegio.

En general, los padres que son cariñosos y respetan a los hijos, y al mismo tiempo les inculcan normas de conducta y objetivos razonables y alcanzables, tienden a imbuir en los niños una opinión favorable de sí mismos y a alimentar en ellos la confianza, el sentido de competencia y la predisposición a enfrentarse con optimismo a retos nuevos. El trato opuesto alimenta la inseguridad, la culpabilidad y el sentimiento de inferioridad, además de reforzar el círculo vicioso de «no soy bueno, voy a fracasar; por lo tanto, ¿para qué intentarlo?».

No pretendo insinuar que los padres de David fueran malos padres. Es evidente que eran personas responsables que se preocupaban por su hijo y se desvivían para que tuviese una buena educación. A su manera, hacían lo que creían que era mejor para el niño sin ser conscientes de que sus exageradas y rígidas expectativas constituían un ingrediente fundamental en las dificultades y angustias del pequeño.

Por otra parte, a los niños de esta edad no sólo les preocupa la opinión de sus padres sino que también les afecta la opinión que los compañeros de su grupo u otras personas importantes en su vida expresan sobre ellos. Poco a poco, los pequeños interiorizan y hacen suyas muchas de las opiniones de otros. Los padres y educadores que reafirman las cualidades de los pequeños sirven de reflejo social positivo a estos futuros adultos. No obstante, que los niños dependan tanto de los demás para construir su concepto de sí mismos entraña riesgos. Cuanto mayor sea la discrepancia entre los modelos de perfección que se les impone y las posibilidades de alcanzarlos, más difícil les resultará mantener una opinión favorable de sí mismos. El desequilibrio permanente entre anhelos y logros daña la autoestima. Desafortunadamente, bastantes niños se ven a sí mismos en el oscuro espejo de adultos inflexibles, irracionales, emocionalmente distantes o incluso crueles.

Justificaciones que nos protegen

Para sus padres, David era una inversión. Habían invertido mucho dinero y aún más ilusión en su formación escolar. Por eso, la falta de rendimiento del pequeño les obligó a enfrentarse a una disyuntiva muy penosa, a plantearse el reto emocional que supone cuestionar la sensatez de sus expectativas o aceptar la incapacidad de su heredero para alcanzar los logros que le habían asignado. Ante la decepción, la necesidad más inmediata —aunque inconsciente— de los padres fue buscar una explicación tolerable.

Los seres humanos no soportamos nada bien la falta de explicaciones. De ahí la necesidad imperiosa que sentimos de interpretar los sucesos que nos afectan. No obstante, cuando buscamos la explicación, especialmente en momentos de vulnerabilidad, siempre tratamos de encontrar una que minimice sentimientos incongruentes o desagradables y no amenace nuestra autoestima. Cuando nos tenemos que justificar ante nosotros mismos o ante los demás, seleccionamos los argumentos que mejor respaldan o defienden nuestras creencias y conductas, con el fin de evitar los sentimientos discordantes y desagradables que nos producen las contradicciones.

La capacidad para interpretar la realidad de una forma

autoprotectora es especialmente útil a la hora de mantener nuestra estabilidad emocional y el perfil social. No cabe duda de que ciertos golpes atentan contra nuestro entusiasmo vital. Las defensas psicológicas nos permiten neutralizarlos, disfrazarlos, minimizarlos o negarlos.

No es de extrañar, pues, que los padres de David reaccionaran negativamente al diagnóstico de Valentín. Ellos hubieran preferido que el doctor les confirmara que su hijo sufría un problema físico, algo más fácil de entender y de aceptar. Se resistieron a la idea de que la obesidad, el soplo y el cansancio que padecía pudieran estar producidos por el estrés emocional y la dinámica familiar. Y es que el mal funcionamiento del corazón del pequeño, aunque muy preocupante, no hubiera puesto en duda la prudencia de los padres en la educación de su hijo. Tampoco traía a colación la incapacidad mental o emocional del pequeño para cumplir con las expectativas de sus progenitores. Además, las dolencias del cuerpo, en general, no tienen las connotaciones negativas sociales de las enfermedades emocionales, los conflictos familiares o la ineptitud de los padres para educar a sus hijos.

A todos nos resulta muy difícil cuestionarnos los principios y creencias que apadrinamos y utilizamos de guía desde jóvenes a la hora de gobernar nuestra vida. Por eso, no nos debería sorprender que los padres de David no aceptasen de primeras el diagnóstico que les ofreció Valentín. Era de esperar, pues, que salieran insatisfechos de la consulta y se apresuraran a buscar una segunda opinión con la esperanza de corroborar las causas físicas de las dificultades de su heredero y no tener que poner en entredicho las ambiciones y los ideales que, unilateralmente, le habían asignado al nacer. Sencillamente, no podían aceptar una opinión profesional que les hiciese en gran medida responsables del problema y al mismo tiempo evidenciara la vulnerabilidad del pequeño.

Por el contrario, David sintió alivio después de la visita. Para empezar, saber que a su corazón no le ocurría nada malo le tranquilizó. Al mismo tiempo, se hizo más consciente de que para satisfacer a sus padres tenía que lograr un éxito académico que estaba fuera de su alcance. Las palabras de Valentín le confirmaron algo que él, probablemente, ya había intuido pero que no podía formular interiormente con claridad ni expresar con palabras. Me imagino que pensó: «Ahora me explico lo que me pasa... Haga lo que haga nunca lograré complacer a mis padres.»

Es reconfortante que David reaccionara positivamente a la intervención de Valentín. Pero esto no fue suficiente para curar su problema. A su corta edad necesitaba la complicicidad de sus progenitores para atajar la causa de su ansiedad y cambiar sus hábitos de salud. Por eso, un hecho aún más esperanzador es que, un año más tarde, los padres llamaran agradecidos a Valentín para confirmarle que David no sufría del corazón y agradecerle un diagnóstico que finalmente habían aceptado. Imagino que la llamada fue un primer paso en el reconocimiento de que el principal motivo de las dificultades del pequeño paciente era psicológico. Y ser conscientes de que tenemos un problema es una condición necesaria para resolverlo.

Capítulo dos
Claudia: niña de 9 años con fiebre, fatiga y parálisis del brazo izquierdo

Valentín

Claudia, una niña de 9 años, vino a mi consulta a primera hora de la mañana acompañada por sus padres. Ellos estaban preocupados y la niña, preocupadísima. Había tenido tos y fiebre en las últimas cuarenta y ocho horas y, más alarmante aún, la tarde anterior se le había paralizado el brazo izquierdo. Un amigo de la familia había hecho saltar todas las alarmas al sugerir que la parálisis podía deberse a un accidente vascular cerebral. En estos casos, un coágulo de sangre que a menudo procede de las cavidades del corazón viaja hasta el cerebro y provoca una oclusión de las arterias que lo irrigan. Un accidente vascular cerebral suele dejar secuelas: dificultades en el habla o la pérdida de movilidad corporal (como la pérdida de movilidad de un brazo).

En todos mis años de profesión nunca he tenido ningún caso de un niño con un accidente vascular cerebral. Cuando la examiné, Claudia ya no tenía fiebre. Las pruebas médicas también me permitieron descartar problemas cardíacos y neurológicos. Mi joven paciente me contó que desde hacía algún tiempo ya no corría con sus compañeros de clase porque sentía que se cansaba: se ahogaba y respiraba con rapidez o, como decimos los médicos, hiperventilaba. Le propuse un juego: una carrera conmigo. En esa época, mi consulta estaba situada en un piso dieciséis y la reté a subir tan rápido como pudiera hasta el piso dieciocho. Me ganó con diferencia. Mi derrota sirvió para descartar que Claudia tuviera un problema cardíaco. Debo confesar que subir escaleras con mis pacientes es algo que hago a menudo. De hecho, otros médicos del hospital saben que si me acompañan en mis visitas a pacientes, tarde o temprano terminarán haciendo un poco de ejercicio físico extra (una práctica totalmente saludable).

Hablé con la niña y con los padres, y descubrí detalles familiares muy interesantes. El padre trabajaba en un centro de rehabilitación. La madre era empleada de una tienda de comestibles. La niña tenía tres hermanos mayores, de los que la separaba una diferencia de edad de 12, 10 y 9 años. También descubrí que estudiaba en una escuela de Brooklyn y que tenía una manía: se lavaba las manos continuamente.

Le pregunté a la madre a qué atribuía el hecho de que Claudia se lavara las manos con tanta frecuencia. Siempre me han interesado las teorías y opiniones de los pacientes y de sus familiares más directos, ya que conocen detalles que a mí se me pasan por alto en el transcurso de una visita. En este caso, la respuesta de la madre fue muy reveladora; probablemente, yo nunca la habría adivinado. Me contó que ella siempre había compartido con sus hijos las anécdotas del día a día de su trabajo como empleada en una tienda de comestibles, un negocio que obligaba a sus trabajadores a ser muy escrupulosos en la manipulación de los alimentos. El sector de la alimentación debe cumplir con una estricta normativa sanitaria y pasa inspecciones con frecuencia. La madre de mi paciente siempre se ponía guantes cuando manipulaba los alimentos y solía recordar insistentemente a sus hijos que tenían que lavarse las manos con frecuencia para eliminar posibles bacterias.

Hablé con el padre. Me llamó la atención que él también compartiera con sus hijos sus experiencias más traumáticas en el centro de rehabilitación y contara a diario y muy gráficamente casos de pacientes con problemas neurológicos, que a menudo padecían parálisis en los brazos.

Llegué a la conclusión de que Claudia había convertido problemas psicológicos en físicos. La obsesión de su madre por la higiene y las repetidas anécdotas de su padre sobre pacientes que luchaban por recuperar el habla o la movilidad de su cuerpo habían conseguido impresionar a la niña. Y sólo le faltó tener una fiebre y una tos reales (probablemente compartidos con otros compañeros de clase) para que confirmara todos sus temores y pensara que estaba muy grave. Estaba tan preocupada que llegó a pensar que no podía mover el brazo izquierdo.

Compartí mi diagnóstico con Claudia y con sus padres. A diferencia del caso anterior, los padres sí me escucharon y se fueron de mi consulta convencidos de mi diagnóstico, mientras que la hija no se creyó nada de lo que le dije y continuó convencida de que tenía problemas físicos. Pedí a los padres que me escribieran al cabo de unas semanas y me contaran la evolución de la niña. No lo hicieron.

Tengo una agenda en la que llevo un control de llamadas que tengo que hacer o recibir de pacientes. Así que al ver que los padres no daban señales de vida, me puse en contacto con ellos. Me contaron que Claudia seguía quejándose de una fatiga constante en el pecho y se negaba a jugar con sus compañeros.

Empecé a dudar de mi diagnóstico; pensé que quizás había pasado por alto un problema respiratorio. Decidí hacerle una prueba de ejercicio que consiste en medir el oxígeno en sangre de un paciente mientras corre en una cinta durante unos diez minutos. El oxígeno en sangre se mide al inicio, mitad y final de la prueba para comprobar si la concentración de oxígeno desciende.

La prueba confirmó mi diagnóstico: la niña no padecía ninguna enfermedad física, pero sí un conflicto emocional. El siguiente reto fue tranquilizarla y convencerla de que realmente gozaba de buena salud física.

No abandonar al paciente

Con Claudia seguí una estrategia que a lo largo de los años me ha dado resultados excelentes. Hay un tipo de paciente convencido de que sufre un problema físico y es imposible que acepte que puede irse tranquilo a casa a pesar de que yo le diga que no tiene nada. En estos casos, opto por verlo de forma periódica para que sepa que estoy a su lado y que no lo voy a abandonar. Son visitas rutinarias en las que lo más importante es conversar con el paciente. Es importante no ceder a sus presiones o hacerle pruebas que no necesita porque esto alimenta su hipocondría.

En mi experiencia, en estos pacientes aprensivos que no tienen nada, aunque no les puedes convencer de lo contrario, no hay nada mejor que verlos regularmente. Además de examinarlos, también les pido que me escriban. De los muchos correos electrónicos que recibo diariamente, una cuarta parte son de este tipo. Mis pacientes saben que si les pasara algo, yo estaría allí para ayudarles. Mientras, puedo trasmitirles la confianza necesaria para que, tras algunas sesiones, se sientan capaces de superar sus miedos y puedan volar solos. No les puedo ayudar si no estoy allí. Si no sigo este método, no hay nada que hacer. Es una parte de mi profesión que la tiene que hacer el médico porque los avances tecnológicos de la Medicina nunca podrán llegar hasta ese terreno. Hay muchos progresos en el campo de la tecnología, pero es muy importante relacionarse con los pacientes con humanidad. Por eso es esencial que las facultades de Medicina formen a nuestros médicos para que valoren la importancia de utilizar su afectividad y empatía.

A veces, tras examinar a un paciente, he tenido la certeza de que ya no puedo hacer nada más por él, que no hay posibilidad de mejora y que no dispongo de ningún tratamiento médico que pueda aliviarle. Pero siempre me queda un arma: estar a su lado. Es un recurso terapéutico para el médico y para el paciente. Cuando a este tipo de paciente le digo que estaré a su lado y que lo veré periódicamente, se le ilumina la cara; ni él ni yo vamos a tirar la toalla. Hago todo lo posible para no transmitirle que doy su caso por perdido.

De la misma forma que uno no puede abandonar a sus pacientes, tampoco puede crear vínculos afectivos demasiado intensos que le impidan ver el caso con objetividad; es un equilibrio muy difícil. Yo lo consigo con una agenda muy firme de visitas: «Te veré cada tres meses y me escribirás una vez al mes.»

Con Claudia seguí este método. Asumí el compromiso de verla una vez cada tres meses y le programé visitas durante un año, y así ella ya sabía que no la iba a abandonar. Pedí a los padres que me escribieran una carta mensual con una breve descripción de cómo estaba evolucionando la niña.

A pesar de que la niña tenía síntomas psicológicos, en este caso pensé que un psicólogo infantil no era necesario. Claudia se beneficiaría de alguien a quien considerara experto con quien poder hablar y confiar. A los pocos meses había ganado en confianza y seguridad. Le di el alta al cabo de un año.

Doce años más tarde me vino a ver con su padre, que había sufrido un infarto. Tenía 22 años, estaba casada y tenía un niño. Se la veía muy feliz. Yo no la recordaba. Fue ella la que me contó que de pequeña había venido a mi consulta y que mi intervención la había ayudado mucho.

Le pregunté por sus padres. Me explicó que los padres no habían cambiado demasiado. Él seguía hablando compulsivamente de los pacientes con parálisis del centro de rehabilitación y ella, obsesionada con las infecciones que se pueden transmitir cuando se manipulan alimentos y la necesidad de lavarse las manos una y otra vez. Quien había cambiado era Claudia. Esa niña que no quería jugar con sus compañeros de clase por miedo a ahogarse y que luego había subido corriendo dos pisos del hospital donde yo la había visitado venció con los años todos sus fantasmas. De hecho, una semana antes de venir a la consulta con su padre había corrido el Maratón de Nueva York.

Luis

El caso de Claudia pone de manifiesto que un diagnóstico acertado en un paciente que presenta serios síntomas físicos que no se explican totalmente por una enfermedad médica marca la diferencia entre la curación y la perpetuación de un trastorno psiquiátrico. También muestra la enorme capacidad de los niños para corregir comportamientos patológicos y superar dificultades físicas y psicológicas que en los adultos a menudo tienen difícil solución. Por otra parte, la intervención de Valentín ilustra claramente el poder reconstructor de la empatía en Medicina.

Somatizar

Los seres humanos tenemos una gran capacidad para transformar una afección psíquica en orgánica. Por eso, entre los diagnósticos médicos hay una serie de trastornos físicos que sólo se pueden explicar desde el marco psicológico. Entre los síntomas de estas dolencias somáticas figuran dolores generalizados, alteraciones gastrointestinales, problemas neurológicos o del sistema reproductor, así como déficit sensorial o motor, o convulsiones.

La fatiga o la dificultad para respirar sin causa física que sufría Claudia era, probablemente, un síntoma de trastorno de somatización. La característica principal de este trastorno consiste en la presencia de alteraciones del funcionamiento del cuerpo que no se explican por factores físicos y que dan lugar a un deterioro significativo de la calidad de vida de la persona. La parálisis del brazo izquierdo, que tampoco tenía una explicación médica, se considera un síntoma característico de lo que en Psiquiatría llamamos *trastorno de conversión*. Esta dolencia se distingue por la presencia de síntomas no producidos intencionalmente y sin una causa física, que afectan a las funciones motoras voluntarias o sensoriales del cuerpo y en los que parecen intervenir factores emocionales. La teoría es que la persona transforma inconscientemente un conflicto psicológico en un síntoma corporal (por ejemplo, el paciente convierte sin darse cuenta el miedo a perder el control o a agredir violentamente a alguien en una parálisis, ceguera o mudez). Los síntomas de conversión aportan al afectado alguna ganancia secundaria, como permitirle evitar actividades que considera desagradables o dañinas o conseguir algún tipo de apoyo o beneficio que de otro modo sería inalcanzable. Naturalmente, los trastornos de conversión subrayan la necesidad de ser precavidos antes de establecer el diagnóstico, pues existe el grave riesgo de confundir una enfermedad neurológica con un trastorno psicológico o viceversa.

Claudia mostraba, además, rasgos obsesivo-compulsivos (tener que lavarse las manos continuamente) y de hipocondría o miedo intenso a sufrir una grave enfermedad a pesar de la evidencia contraria. En conjunto, todos estos síntomas reflejaban problemas psicológicos.

Aunque desconocemos las tensiones y los conflictos emocionales a los que se enfrentaba la pequeña, sospecho que llegó un momento en que, inconscientemente, optó por hacer saltar todas las alarmas manifestando un cuadro clínico tan dramático como preocupante. Imagino que éste fue su grito de «¡socorro!», su forma de pedir ayuda. Es muy posible, como ya observó Valentín, que para llamar la atención de sus padres, Claudia seleccionara síntomas que guardaban relación con las actividades y las preocupaciones de ellos: la higiene para evitar la contaminación de los alimentos, en el caso de la madre, y la discapacidad física, en el del padre.

Afortunadamente, se trataba de un proceso agudo o de breve duración. Además, la corta edad de la pequeña implicaba que su cerebro y personalidad estaban aún madurando y eran susceptibles de cambio y recuperación. Aunque estos factores vaticinaran un pronóstico favorable, el impacto de la intervención médica fue determinante. Es obvio que Valentín conectó de verdad con Claudia. No conozco a muchos médicos que hagan el esfuerzo, físico y emocional, de subir escaleras con los pacientes para probar el funcionamiento de su sistema cardiopulmonar. Valentín insistió, además, en no abandonar a la pequeña. Estoy seguro de que en estas circunstancias, Claudia entendió que no sólo había encontrado un médico sino también un aliado. Pienso que esta conexión forjó el primer eslabón de la cadena de su curación.

El poder de la empatía en Medicina

Para mí, quizá lo más destacable de este caso es la decisión de mantener el seguimiento de Claudia pese a haber eliminado la causa física. No pocos médicos habrían terminado la visita con una frase como: «Al corazón de su hija no le pasa nada, así que yo no puedo hacer nada más por ella.» Por el contrario, Valentín decidió lanzarle a la pequeña el cable de salvación que ella necesitaba en ese momento y mantener la comunicación. Establecer una relación satisfactoria a través de una sólida alianza terapéutica adquiere especial importancia en el tratamiento de pacientes con trastornos psicosomáticos. Igualmente importante es hacerles partícipes e informarles del diagnóstico y proporcionarles seguridad de que no sufren alteraciones físicas.

Pocos infortunios provocan en las personas sentimientos tan profundos y desconcertantes de vulnerabilidad y angustia como las enfermedades. Hoy sabemos que la comunicación franca y esperanzadora del médico evoca seguridad y cooperación en el paciente. Sin embargo, la buena comunicación en la práctica de la Medicina no es tarea fácil. La natural compasión hacia el dolor ajeno y la empatía, o la capacidad de ponernos en las circunstancias de los demás, hacen que los médicos y nuestros colegas sanitarios absorban inevitablemente parte de los sentimientos de temor e indefensión que experimentan muchos de sus pacientes.

En Medicina, la empatía es una cualidad fundamental; ponerse en la piel del enfermo y entender su situación, aunque ya sepas que no lo puedes curar. No hay nada que pueda tranquilizar más a un paciente que tener un médico que le diga: «Voy a estar a tu lado; esto lo vamos a hacer juntos y no te preocupes porque tendremos un calendario de visitas muy organizado que respetaré.»

Sin embargo, es duro para la mayoría de los médicos seguir viendo a pacientes cuando no pueden hacer nada tangible por ellos. Y en el fondo no lo hacen porque visitar a un paciente que no va a mejorar implica un gasto de energía emocional que muchos facultativos, que pasan largas horas en un hospital, ya no tienen. El médico huye del sentimiento de impotencia: «No puedo ayudarte y esto me hace sentir mal, así que prefiero no verte.»

No faltan profesionales que, ante enfermos graves, pasan por alto las probabilidades de sanar —que aunque sean mínimas, casi siempre las hay— y se limitan a informarles del pronóstico descorazonador. Unos justifican su derrotismo con su devoción a «la verdad», otros dicen «curarse en salud», decididos a no crear en el paciente expectativas de mejora que ellos consideran poco realistas. Un beneficio de la disposición optimista en Medicina es que alimenta la motivación del médico para tratar con esperanza a enfermos incurables. La actitud optimista ayuda a no caer en la desmoralización cuando los resultados de sus intervenciones son previsiblemente malos. El pensamiento positivo, además, los protege del reparo natural a involucrarse emocionalmente con enfermos de alto riesgo. Con todo, la verdadera utilidad de los médicos se hace especialmente evidente cuando prestan sus servicios a pacientes, con independencia de sus posibilidades de cura.

El humanismo en la práctica de la Medicina es un arte de palabras, sentimientos y actitudes. El médico lo expresa con compasión, tacto y comprensión, lo que a su vez evoca en el paciente seguridad y esperanza.

No cabe duda de que para mantener la eficacia profesional es importante que el médico ponga en perspectiva el sufrimiento del paciente, con el fin de mantener la objetividad necesaria para evaluar con lucidez su condición. Pero es igualmente importante que esta perspectiva objetiva no obstaculice la capacidad del facultativo de transmitir su confianza y solidaridad para derrotar juntos al enemigo común, la enfermedad. En este sentido, los avances tecnológicos han disminuido considerablemente la importancia del contacto personal del facultativo con el paciente. No infrecuentemente, la relación se establece sobre todo a través de procedimientos, aparatos y remedios. El énfasis en la alta tecnología favorece que los factores emocionales se pasen por alto. Por otra parte, a los médicos se les premia a menudo por atender al mayor número de pacientes en el menor tiempo posible, por utilizar procedimientos técnicos avanzados y por intervenir quirúrgicamente. La tecnología médica es indispensable, pero tiene que ser compatible y complementaria con el trato a los pacientes.

Transmitir seguridad y optimismo a los pacientes es vital, como también lo es tomarse en serio sus quejas y preocupaciones, incluso cuando es evidente que son infundadas desde el punto de vista médico. Si antes de solidificar una buena relación con el paciente, el médico minimiza el problema que el enfermo considera primordial y desvía la conversación hacia otros aspectos del paciente por juzgarlos más relevantes, lo más probable es que éste se sienta incomprendido y se resista a las recomendaciones del profesional. En cambio, si en un principio el médico muestra interés por lo que angustia al paciente y se gana su confianza, las probabilidades de enfocar el centro del problema con su cooperación aumentan sustancialmente.

Valentín hizo de cardiólogo, de psicólogo y de padre. Doce años más tarde, la niña angustiada, en estado febril, que se lavaba compulsivamente las manos, se ahogaba y no podía mover un brazo, se había convertido en una mujer sana y equilibrada. Claudia decidió acudir de nuevo al médico que la había rescatado para que también salvara a su padre.

Como ya he dicho en otras ocasiones, todos nacemos con doble nacionalidad: la del país vitalista de la salud y la del estado de la invalidez. Aunque preferimos usar sólo el pasaporte bueno, tarde o temprano casi todos nos vemos obligados a declararnos ciudadanos del reino de la enfermedad. Pero ese lugar inseguro y doloroso se hace más llevadero si contamos con la comprensión, el apoyo y la dedicación de quienes se encargan de atendernos.

Capítulo tres

Iris: adolescente de 17 años con desmayos, presión baja y pérdida de peso

Valentín

Una adolescente vino a mi consulta con sus padres dos días después de haber sufrido un desmayo. Iris tenía 17 años, era muy alta y delgada, y un mes antes había empezado sus estudios universitarios en Manhattan. Era hija única y sus padres vivían en Westchester, una próspera zona residencial situada a media hora de Nueva York. El padre dirigía una cadena de hoteles y la madre dedicaba su tiempo a causas filantrópicas y trabajos comunitarios.

Me comentaron que, en los últimos meses, la joven se desmayaba con frecuencia, especialmente por la mañana. Este último desmayo había tenido lugar en la residencia de estudiantes donde vivía desde hacía unas semanas, y la enfermera del centro que la había atendido encontró que tenía la tensión arterial baja: 90/60 (la presión normal es aproximadamente 120/80).[6]

6. El corazón bombea sangre al latir, lo cual crea presión en las arterias. Existen dos tipos distintos de presión arterial: la presión sistólica (la que se registra en el momento del latido) y la presión diastólica (la que se registra cuando el corazón descansa entre latidos).

Hablé con ella. A pesar de su delgadez, aseguraba tener un apetito excelente. Pensé que, si era cierto que comía mucho, podía tratarse de un problema de hipertiroidismo,[7] pero le hice las pruebas y descarté esa posibilidad.

Le tomé la presión: era de 100/80. Su índice de masa corporal (IMC) era de 13, muy por debajo de lo normal. Los análisis de sangre evidenciaron una ligera anemia y concentraciones muy bajas de estrógenos y potasio: indicadores inequívocos de desnutrición y deshidratación.

Hablé con los padres. En pacientes menores de edad, la opinión de sus padres y tutores no siempre es acertada, pero sí aporta información que el joven paciente ha escondido o ignorado. Me explicaron que estaban muy preocupados porque temían que su hija tuviera cáncer, ya que no sólo se desmayaba con frecuencia sino que, además, había perdido veinte kilos en menos de dos años. Este último dato me sorprendió porque, cuando había hablado con Iris de sus hábitos alimentarios, le había preguntado si había perdido peso recientemente y me había dicho que no. De hecho, la joven creía tener una salud de hierro, pese a que los resultados de las pruebas analíticas y los desmayos indicaban todo lo contrario. Aseguraba tener buen apetito, pero en realidad apenas comía. Y no había tenido el período menstrual en los últimos tres meses.

Una frase de la chica confirmó mi sospecha de diagnóstico de anorexia nerviosa: «Todas mis compañeras de clase están gordas; yo no quiero parecerme a ellas.» Le pregunté por la profesión que quería ejercer de mayor y me contestó que soñaba con ser modelo. Me explicó que sus amigos y conoci-

7. Mal funcionamiento de la glándula tiroidea que provoca un exceso de hormonas tiroideas y, a su vez, el gasto de más calorías, con la consecuente pérdida de peso.

dos a menudo elogiaban su belleza física y le decían que tenía el físico perfecto para triunfar en el mundo de la moda.

Intenté que razonara. Pero como es típico en las personas que padecen esta enfermedad, Iris se negaba a aceptar que tenía un grave problema. Le expliqué que las pruebas que le habíamos practicado indicaban que estaba desnutrida y que si no comía más, seguiría desmayándose y la situación iría a peor. Fue una sensación muy frustrante porque me escuchó, pero era evidente que no se creía nada de lo que le estaba diciendo. Le pedí que reflexionara sobre todo lo que habíamos hablado y que volviera a mi consulta cuatro semanas más tarde.

A los pocos días recibí una llamada de los médicos del servicio de urgencias del hospital de Westchester. Iris había pasado el fin de semana con sus padres, había perdido el conocimiento al levantarse de la cama y se había dado un golpe en la cabeza al caer al suelo. Preocupados porque la presión sistólica de la chica era de 75, los médicos del servicio de urgencias que la atendieron querían saber qué podían hacer. Les dije que, lamentablemente, la baja presión era consecuencia de un problema mucho más grave.

Fui a verla al hospital. Volví a repetirle que tenía que comer y le dije que ya no tenía otra opción que la de seguir un tratamiento para curar su trastorno alimentario. Aceptó tratarse porque le preocupaba el hecho de que se había caído, e incluso tuvo un traumatismo craneal que, por suerte, no tuvo mayores consecuencias pero que obligó a su hospitalización. Me fui del hospital con la misma sensación que había tenido unos días antes: la joven seguía convencida de que estaba perfectamente y pensaba que yo no era más que un médico que exageraba y que no entendía que su situación no era preocupante en absoluto y que realmente no necesitaba comer más. En el hospital la hidrataron por vía intravenosa[8] y, al recuperarse, se incorporó a un programa de asesoramiento dietético y a un grupo de psicoterapia. Su peso siguió sin ser completamente normal, pero parece ser que mejoró, según me contaron sus padres cuatro semanas más tarde.

Perdí el contacto con Iris. No tuve noticias de ella durante unos veinte años. Recientemente, su madre me llamó para darme la triste noticia de que la joven había fallecido a consecuencia de un cáncer de útero. Me comentó que Iris nunca alcanzó su sueño de ser modelo, pero sí consiguió terminar la carrera de Economía. Durante algunos años trabajó con su padre. Se había casado pero no había tenido hijos. Parece ser que su confianza en los médicos no había mejorado con los años y no había querido seguir ningún tratamiento ni hacerse los chequeos preventivos más elementales. En consecuencia, cuando le fue diagnosticado el cáncer de útero ya era demasiado tarde. El tumor se había reproducido y propagado a otros órganos del cuerpo. Pienso que si se hubiera hecho un examen ginecológico anual desde los 20 años, que es lo aconsejable, hubieran detectado la enfermedad a tiempo y probablemente se hubiera podido curar. Su rechazo a los médicos propició que no se hiciera los chequeos ginecológicos anuales y rutinarios.

Anorexia y desnutrición

Iris no murió como consecuencia de su anorexia pero, indirectamente, su desconfianza en los médicos que le diagnosticaron una anorexia nerviosa que ella no creía padecer tuvo consecuencias desastrosas. Los médicos no logramos convencerla

8. Administración de suero a través de un tubo en la vena.

figura 4

CHEQUEOS RUTINARIOS PARA PREVENIR LA ENFERMEDAD CARDIOVASCULAR Y LOS CÁNCERES MÁS FRECUENTES

Tabla de revisiones recomendadas

	20 años	30 años	40 años	50+ años
Tabaco, ejercicio	Cada visita regular al médico			
Presión arterial, IMC (dieta)	Cada visita regular al médico (o al menos cada 2 años si la PA <120/80 mmHg)			
Perfil lipídico			Cada 5 años	
Prueba de la glucemia (glucosa en sangre)			Cada 3 años	
Examen clínico de las mamas (ECM) y mamografía	ECM cada 3 años		ECM y mamografía anuales	
Prueba de Papanicolau	Cada año	Cada 1-3 años; depende del tipo de prueba y de los resultados previos		
Cribado colorrectal				La frecuencia depende de la prueba preferida
Prueba del antígeno prostático específico y tacto rectal				Ofrecidos cada año, ayudan en las decisiones informadas

Recomendaciones de la Sociedad Americana del Cáncer (ACS), la Sociedad Americana de la Diabetes (ADA) y la Sociedad Americana del Corazón (AHA).

de que podía confiar en nosotros y de que nuestra misión (y vocación) es ayudar a nuestros pacientes y conseguir que se encuentren mejor. Prefirió darnos la espalda, y finalmente se rindió a la evidencia y pidió ayuda por una enfermedad distinta, un cáncer que ya se había extendido por todo su cuerpo.

Éste no es un caso con final feliz porque son muchos los casos de pacientes con anorexia nerviosa que no acaban bien. Examino constantemente a personas anoréxicas, ya que en una fase avanzada de la enfermedad, el corazón sufre las consecuencias de la desnutrición y la experiencia me demuestra que son casos muy complejos, frustrantes y difíciles de tratar.

La anorexia tiene efectos muy dañinos en el sistema cardiovascular y en la salud en general. Un alto porcentaje de los pacientes fallece prematuramente por problemas físicos que son consecuencia de la desnutrición crónica.

Es importante que médicos y psicólogos sigan a este tipo de pacientes con asiduidad. Me pregunto si, tal vez, en el caso de Iris, sus padres y el sistema médico y psicológico fallaron al no prestar suficiente atención a un problema de raíces psicológicas muy profundas.

Luis

La anorexia es un trastorno antiguo, pero sólo en los últimos cincuenta años ha recibido la atención que se merece por parte de los profesionales de la Medicina y la Psicología. De hecho, en la Europa medieval ya había mujeres ascetas «iluminadas» que, motivadas por fuerzas místicas, renunciaban a la comida. En el siglo XVII, algunos médicos empezaron a interesarse por estos casos sorprendentes de abstinencia y utilizaron términos como «anorexia milagrosa» para describirlos. Para estas mujeres austeras, vivir sin comer no sólo era algo sobrenatural sino, además, una forma de desconectarse de los aspectos terrenales de la existencia humana. En 1880, mientras Nueva York estaba absorta en el caso de una joven anoréxica que vivía en la ciudad, el diario *The New York Times* observaba: «En estos tiempos modernos, no pasan muchos meses sin que nos fascinemos ante un caso espectacular de una joven anoréxica.» Hasta hace poco, las noticias de jóvenes esqueléticas que se sometían voluntariamente a ayunos prolongados más que preocupación provocaban una gran curiosidad. De hecho, no pocas se convertían en celebridades.

En la década de 1980, el interés de la Medicina por la anorexia y la bulimia se intensificó coincidiendo con el aumento en los países occidentales del rechazo obsesivo y patológico por la fealdad y la obesidad imaginarias. En consecuencia, estos trastornos de la alimentación fueron incluidos en la clasificación oficial de las enfermedades mentales. Hoy se puede decir que nunca se ha registrado un índice tan alto de personas (sobre todo mujeres) que se sienten desgraciadas a causa de su aspecto físico y, en especial, por su exceso de peso, sea real o ficticio.

Ansia de perfección

La delgadez ofrece a ciertas mujeres una posibilidad única de demostrarse a sí mismas y de exhibir públicamente su superioridad moral, pues es una prueba palpable de haber logrado dos metas muy deseadas: la belleza descarnada y el autocontrol. El problema, como nos demuestra Iris, es que detrás del hechizo de la heroína anoréxica se esconde una lucha a muerte entre el cuerpo y la mente.

La anorexia nerviosa se caracteriza por la aversión obsesiva a la comida, el terror a engordar, la distorsión de la imagen del propio cuerpo, un peso por debajo del 85 por ciento de lo normal, la desaparición del período menstrual y una variedad de síntomas físicos relacionados con los efectos de la desnutrición crónica. Iris padecía un grave trastorno de la alimentación y, desgraciadamente, no es un caso aislado. Esta enfermedad afecta sobre todo a mujeres jóvenes de clase social media o alta, y su frecuencia es mayor entre modelos y bailarinas de ballet. Sólo un 6 por ciento de los casos son varones. La anorexia va a menudo de la mano de la bulimia. En la bulimia, además de la fobia a la gordura, son típicos los episodios repetidos de atracones, en los que la persona ingiere grandes cantidades de comida con rapidez y sin control, seguidos de vómitos autoprovocados. En ambas dolencias son frecuentes los ayunos y las dietas rigurosas, los ejercicios exhaustivos y el abuso de laxantes, diuréticos o píldoras que interfieren en la absorción de alimentos o mitigan el hambre.

Aunque muchos pacientes anoréxicos que reciben tratamiento se recuperan o mejoran, la mortalidad asociada a esta dolencia es trágicamente alta. Por ejemplo, en Estados Unidos, la tasa de mortalidad de estos pacientes es doce veces superior a la de la población general de la misma edad. Dada la gravedad de este trastorno y la visibilidad de los síntomas, asombra la actitud de indiferencia o negación del problema que suelen manifestar estos enfermos. En el caso de Iris, ni la extrema desnutrición, ni los desmayos, ni las caídas hicieron mella en su firme convencimiento de que no sólo no padecía ningún trastorno, sino que el problema verdadero radicaba en la percepción errónea de los demás, incluyendo los médicos que le ofrecían ayuda.

Sorprende menos que sus padres, al menos en los primeros momentos, negaran o ignoraran el componente psicológico del grave problema de su hija. Como ya he mencionado al comentar el caso de David, los familiares prefieren, en general, aferrarse a una causa puramente física. Optan, más o menos conscientemente, por culpar prioritariamente a alteraciones corporales porque las dificultades emocionales de sus hijos, aparte del estigma social que representan, pueden implicar que ellos o el ambiente familiar han desempeñado un papel en la causa de la aflicción, aunque éste no sea necesariamente el caso.

Múltiples causas para una enfermedad compleja

Todavía no se conoce la causa de la anorexia. Probablemente, esta penosa dolencia es el resultado de una combinación de factores biológicos, psicológicos y sociales. No obstante, son mayoría los que culpan a la industria de la moda y a los cánones de belleza de la sociedad occidental, que ensalzan la delgadez y desprecian el sobrepeso. La evolución de la tasa de los trastornos alimentarios y su aparente relación con los patrones de belleza que glorifica la cultura y diseminan los medios de comunicación en la historia moderna respaldan la influencia de los factores socioculturales en la aparición de estas patologías.

Pocos discuten que hoy vivimos en un mundo en el que el físico se impone. De hecho, la concepción de que el físico importa mucho está tan extendida y arraigada que la obsesión por conseguir un cuerpo perfecto es una fuente ostensible y casi universal de desencanto. La lucha de las mujeres por alcanzar la figura ideal que les impone la cultura de nuestros días —y que una gran mayoría de ellas acepta— y su callado anhelo por liberarse del llamativo estigma que supone la supuesta imperfección corporal, es muy dura y contradictoria.

Este problema es especialmente frecuente entre chicas jóvenes, para quienes no hay nada tan importante como alcanzar esa soñada silueta.

Por desgracia, frente al esfuerzo infatigable por conseguir esa figura juvenil y delgada, la realidad es que este ideal se encuentra fuera de las posibilidades biológicas de la mayoría. En demasiados casos, estas ambiciones irrealizables se transforman en ilusiones malignas que, aparte de destruir cualquier posibilidad de autoaceptación, sirven de guión para las vidas de personas afligidas por estos graves y hasta mortales trastornos de la alimentación.

Con todo, la utilidad del concepto puramente sociocultural a la hora de analizar la causa de estos trastornos es limitada. Es muy probable que las portadas de las revistas de moda y las imágenes de modelos esbeltas aumenten la presión en las jóvenes, y es indudable que algunas de ellas van a perseguir con obsesión ese ideal. En este sentido, es un paso muy beneficioso que se empiece a exigir que las modelos tengan un índice de masa corporal normal si quieren desfilar en determinadas pasarelas. No obstante, la causa de la anorexia es más compleja que el impacto de los anuncios y la idealización de la delgadez. Si no, ¿cómo explicar que pese a que todos estamos expuestos al bombardeo constante de imágenes de modelos de cuerpos magros y estilizados, el gran problema de salud pública en nuestra sociedad sea la obesidad?

En mi experiencia, hasta que descubramos las verdaderas raíces de la anorexia, una forma razonable y útil de concebir este trastorno es considerar que su aparición depende de la confluencia de varios factores, incluyendo la vulnerabilidad biológica de la persona, la predisposición psicológica y el ambiente familiar y cultural en el que vive. Es evidente que sólo una pequeña proporción de las personas que se dejan seducir por los mensajes de la industria de la belleza o de la moda, o incluso optan por hacer dieta o practicar ejercicio físico para adelgazar, termina sufriendo anorexia o bulimia.

Una parte de las jóvenes que empiezan controlando razonablemente su alimentación se convierten, poco a poco, en obsesivas de la dieta si su conducta satisface alguna necesidad física o emocional importante, como pueda ser atraer la atención de los demás, recibir expresiones de cariño, ser objeto de la preocupación de sus padres o para expresar públicamente originalidad o incluso rebeldía. Dentro de este grupo, algunas chicas que mantienen una imagen distorsionada de su apariencia física —siempre se las arreglan para encontrar «michelines» inexistentes en su cuerpo cuando ya están en los huesos— y están convencidas de que cuanto más delgadas, mejor, el terror a engordar las empuja a ignorar la sensación de hambre. Y cuando dejan de menstruar a causa de su desnutrición, en lugar de alarmarse, se enorgullecen porque con ello demuestran que pueden controlar incluso este aspecto biológico elemental de su feminidad. El rechazo a la comida y al sexo, pues, las hace sentirse moralmente superiores al resto de los mortales, que no pueden vivir sin satisfacer estas necesidades terrenales.

Después de dos o tres meses de desnutrición, un subgrupo se aclimata a la sensación de privación de alimentos, el dolor del hambre se aplaca y llegan a un punto en el que ya no ayunan para estar delgadas sino porque se han hecho adictas a los efectos gratificantes del enflaquecimiento extremo. Casi todas las personas anoréxicas que he tratado me han reconocido en algún momento de su enfermedad que el estado de depauperación es adictivo porque satisface alguna necesidad emocional importante, como el autocontrol, la asexualidad o el estado de perfección mística, y les alivia la tensión nerviosa que las abruma.

La realidad es que sólo una pequeña minoría de las personas que empezaron haciendo dieta, o incluso privándose de comer el mínimo necesario durante un tiempo con el fin de adelgazar, se hacen adictas a las consecuencias físicas y simbólicas gratificantes que puede aportar el estado de inanición. El motivo es que, afortunadamente, en la mayoría de los casos no coinciden los elementos biológicos, psicológicos y sociales necesarios para provocar ese cruel estado de dependencia.

Luchar contra el propio cuerpo

Al igual que otras adicciones patológicas, la anorexia, o la adicción al hambre, en el mejor de los casos es una enfermedad compleja y difícil de tratar y superar. Y como nos ha demostrado la historia de Iris, la mayor barrera que se interpone al tratamiento es la falta de conciencia en los afligidos de que sufren una enfermedad y la carencia de motivación para enfrentarse a su problema y cambiar su comportamiento. A la larga, la mayoría de las personas anoréxicas que no reciben tratamiento se encierran en su mundo más oscuro, rompen los vínculos afectivos con los demás, se aíslan y se autodestruyen.

Finalmente, como a Valentín, a mí tampoco me extrañaría que Iris hubiese muerto invadida por un cáncer que, de haberse tomado las medidas preventivas normales y habituales en su entorno social, se hubiera podido detectar de forma precoz y, quizá, vencer o al menos controlar durante años. Y es que el rechazo del cuerpo, aunque esté razonado con las metas más sublimes, inevitablemente implica el menosprecio de la vida.

Capítulo cuatro

Jane: joven de 18 años con dificultad respiratoria, problemas de obesidad y aislamiento

Valentín

Una joven de 18 años, Jane, vino a mi consulta acompañada de sus padres. Estaban preocupados porque la chica tenía dificultad para respirar y su médico de cabecera les había aconsejado que acudieran a un cardiólogo para descartar una enfermedad del corazón. El padre tenía una librería y la madre trabajaba de guía en un museo de la ciudad. Era hija única y estudiaba en una universidad de Manhattan.

Jane era obesa. Su índice de masa corporal (IMC) estaba muy por encima de lo normal. Ella misma me comentó que su peso había aumentado progresivamente en los últimos cinco años, así como sus problemas respiratorios. Se ahogaba cuando practicaba ejercicio físico, pero también cuando se agachaba para abrocharse los zapatos o cuando se tumbaba en la cama.

El problema de Jane es muy común en personas obesas y con grasa en la cintura. La grasa quita espacio al tórax, el tórax se comprime, el diafragma (la lámina muscular que separa la cavidad abdominal de la torácica) sube y la persona no puede respirar. En estos casos, los médicos decimos que nuestro paciente tiene una «caja torácica disminuida». Cuando la persona está de pie, no tiene problemas para respirar porque el diafragma no sube. Sin embargo, sí siente muchas dificultades cuando se agacha o cuando yace en la cama, ya que en estas posturas el diafragma sube.

El examen cardiovascular me permitió descartar que la joven padeciera un problema de corazón. En cambio, los análisis de sangre sí mostraron que tenía un colesterol malo (LDL) alto para su edad y un colesterol bueno (HDL) muy bajo. Tener un colesterol malo alto y un colesterol bueno bajo es muy común en personas con sobrepeso u obesas, como también lo es —si bien no era el caso de Jane— tener la presión arterial alta. Todos estos problemas aumentan con la edad y tienen un impacto negativo en la salud.

Los médicos solemos afirmar que es mejor concentrar la grasa en las caderas y los muslos que en la cintura, que es una parte del cuerpo más delicada que cubre muchos órganos abdominales. Las células que almacenan la grasa del cuerpo se llaman adipocitos. Estas células regulan la cantidad de grasa y, cuando acumulan una cantidad excesiva, la expulsan. Metafóricamente, podemos afirmar que estas células son «guerreros suicidas»: cuando la cantidad de grasa es tan elevada que intuyen que perderán la batalla y no podrán cumplir la misión que tenían encomendada, optan por suicidarse. Los adipocitos se autodestruyen, pero en el proceso lanzan productos tóxicos a la sangre que contribuyen a la hipertensión, a la diabetes y a alteraciones del metabolismo de los lípidos como el colesterol o los triglicéridos, manifestaciones típicas de la obesidad. Me recuerdan a los suicidas que conducen en dirección contraria y a alta velocidad por una autopista, poniéndose en peligro ellos mismos y poniendo en peligro a todos aquellos que se cruzan en su camino.

Le pregunté a la joven si su obesidad le causaba problemas con sus compañeros de clase y me contestó con un «tal vez», añadiendo que no le preocupaba porque no tenía muchos amigos. No sólo se aislaba en la universidad, sino también en casa, frente a la pantalla del televisor, acompañada de galletas y bebidas gaseosas. Me llamó la atención que una chica tan reservada tuviera unos padres tan extrovertidos. Como ellos mismos me explicaron, sus profesiones les obligaban a serlo. De lo contrario, él no tendría trato con los clientes de su librería y ella no podría enseñar el museo a los turistas.

El padre de Jane era obeso y la madre tenía sobrepeso. Los dos se trataban por hipertensión y diabetes, él desde los 40 años y ella desde los 50. Ambos tenían dos hermanos; todos tenían un peso superior a lo normal. A veces, me encuentro con casos de familias que comen tan mal que incluso el gato está gordo. En otras ocasiones, como en este caso, a los malos hábitos alimentarios se le sumaba un fuerte componente genético.

Contribuyen a la obesidad una mala dieta y la vida sedentaria, pero también la familia. Si los progenitores son obesos, los hijos tienen más probabilidades de serlo por dos factores: el genético y el ambiental, ya que se comparten malos hábitos alimentarios. La familia de Jane no seguía ningún horario de comidas. El padre solía almorzar en un restaurante cercano a su negocio, mientras que la madre comía algo rápido entre visita guiada y visita guiada en el museo. Todos picoteaban entre horas y de forma anárquica.

Llegué a la conclusión de que la chica tenía un problema de obesidad, en parte adquirida y en parte genética. Pensé que era importante que empezara a cuidarse para que sus problemas no fueran a más, como les había ocurrido a sus padres, y crecieran sus probabilidades de regresar a mi consulta unos años más tarde con problemas del corazón. Es lo que se conoce como *síndrome metabólico*. Si los jóvenes obesos no se cuidan, serán adultos todavía más obesos, y con el tiempo tendrán una presión arterial alta, diabetes, alteraciones de los lípidos y de las grasas, un colesterol bueno bajo mínimos, un colesterol malo por las nubes y, como consecuencia de todo ello, muchas probabilidades de padecer una enfermedad cardíaca.

Es importante tratar al paciente con obesidad genética con mucha sensibilidad y trasmitirle mensajes que serán determinantes para el tratamiento. El primero y más importante para su bienestar emocional es que la obesidad no es culpa suya. En la obesidad genética existe el denominado *umbral de apetito*. Este tipo de paciente necesita comer más que una persona sin este problema para saciarse. Tiene apetito constantemente y no es fácil contenerse. Y con el paso del tiempo, esta falta de control, unida al aumento de peso, daña su autoestima.

La obesidad como problema de salud

El paciente obeso debe entender que tiene un problema de salud. Es un error muy común pensar que la obesidad es una cuestión de imagen, un problema estético y superficial. No es así. Las células de la grasa se comunican no sólo con el cerebro sino también con el hígado, los músculos y el sistema inmunológico. Como hemos comentado, la obesidad aumenta el riesgo de tener una presión arterial alta, diabetes, problemas cardíacos y apnea.[9] Pero también aumenta el riesgo de sufrir algunos de los tipos de cáncer más frecuentes, como el de colon, el de próstata o el de mama, y otros menos frecuentes como el de útero, ovario y páncreas.

9. La persona con apnea interrumpe su respiración mientras duerme, sus ronquidos son fuertes, se despierta frecuentemente por la noche con el consiguiente cansancio al día siguiente.

La obesidad es una epidemia en Estados Unidos. Más del 60 por ciento de los adultos tiene sobrepeso y, de ellos, la mitad entra dentro de la categoría de obesidad. La Organización Mundial de la Salud (OMS) estima que en el mundo hay más de mil millones de adultos con sobrepeso y que, de éstos, 300 millones son obesos. En España, país que podría beneficiarse de la dieta mediterránea, cada vez hay más personas obesas.

La sociedad de la opulencia a menudo invita a sus miembros a acumular bienes que no necesitan; también a acumular grasa. En la sociedad moderna son muchas las fórmulas diseñadas para que el individuo gane peso. Se habla ya de «sociedad obesogénica», aquella que promueve la obesidad de sus ciudadanos, con una oferta descomunal de alimentos altos en calorías y grasas saturadas, así como de bebidas gaseosas y alcohólicas, y con una invitación constante al consumo. Irónicamente, la misma sociedad que anima a sus ciudadanos a engordar los penaliza luego por ello, ya que los cánones de belleza premian la delgadez. Como toda epidemia, el coste económico para el sistema sanitario es desorbitado. Por este motivo, la prevención es la alternativa más saludable para el individuo con tendencia a la obesidad, pero también para la sociedad.

Además de ser un problema personal, la obesidad también es una cuestión de salud pública. En los últimos tiempos se están impulsando iniciativas públicas para que los ciudadanos y las ciudades «obesogénicas» se conviertan en ciudadanos y ciudades saludables. Son muchos los países que han aprobado leyes para fomentar un entorno libre de humo o han impulsado campañas para informar al ciudadano de los efectos nocivos del tabaco. La epidemia de la obesidad requiere medidas parecidas. Las escuelas y los programas de televisión también deben ser más sensibles a esta cuestión, ya que es especialmente preocupante el aumento de la obesidad infantil. Destacan las campañas informativas sobre dietas saludables, la

figura 5

ÍNDICE DE MASA CORPORAL EN ADULTOS

A partir de 18 años

El índice de masa corporal (IMC) se calcula a partir de la siguiente fórmula:

$$\text{IMC} = \frac{\text{Peso (en kg)}}{\text{Altura}^2\text{ (en m)}}$$

Por ejemplo: una persona que mide 1,75 y pesa 75 kg calculará su índice de masa corporal de la siguiente manera:

$$\text{IMC} = \frac{75}{1{,}75^2} = 24{,}5$$

Un IMC inferior a 18,5 indica bajo peso.

Un IMC de 18,5 a 25 es óptimo.

Un IMC de 25 a 30 indica sobrepeso.

Un IMC de 30 a 40 indica obesidad.

Un IMC superior a 40 indica obesidad mórbida.

altura	bajo peso	peso ideal	sobrepeso	obesidad	obesidad mórbida
1,50	menos de 42	42-56	56-67	67-90	más de 90
1,51	menos de 42	42-57	57-68	68-91	más de 91
1,52	menos de 43	43-58	58-69	69-92	más de 92
1,53	menos de 43	43-59	59-70	70-94	más de 94
1,54	menos de 44	44-59	59-71	71-95	más de 95
1,55	menos de 44	44-60	60-72	72-96	más de 96
1,56	menos de 45	45-61	61-73	73-97	más de 97
1,57	menos de 46	46-62	62-74	74-99	más de 99
1,58	menos de 46	46-62	62-75	75-100	más de 100
1,59	menos de 47	47-63	63-76	76-101	más de 101
1,60	menos de 47	47-64	64-77	77-102	más de 102
1,61	menos de 48	48-65	65-78	78-104	más de 104
1,62	menos de 49	49-66	66-79	79-105	más de 105
1,63	menos de 49	49-66	66-80	80-107	más de 107
1,64	menos de 50	50-67	67-81	81-108	más de 108
1,65	menos de 50	50-68	68-82	82-109	más de 109
1,66	menos de 51	51-69	69-83	83-110	más de 110
1,67	menos de 52	52-70	70-84	84-112	más de 112
1,68	menos de 52	52-71	71-85	85-113	más de 113
1,69	menos de 53	53-71	71-86	86-114	más de 114
1,70	menos de 53	53-72	72-87	87-116	más de 116
1,71	menos de 54	54-73	73-88	88-117	más de 117
1,72	menos de 55	55-74	74-89	89-118	más de 118
1,73	menos de 55	55-75	75-90	90-120	más de 120
1,74	menos de 56	56-76	76-91	91-121	más de 121
1,75	menos de 57	57-77	77-92	92-122	más de 122
1,76	menos de 57	57-77	77-93	93-124	más de 124
1,77	menos de 58	58-78	78-94	94-125	más de 125
1,78	menos de 59	59-79	79-95	95-127	más de 127
1,79	menos de 59	59-80	80-96	96-128	más de 128
1,80	menos de 60	60-81	81-97	97-130	más de 130
1,81	menos de 61	61-82	82-98	98-131	más de 131
1,82	menos de 61	61-83	83-99	99-132	más de 132
1,83	menos de 62	62-84	84-100	100-134	más de 134
1,84	menos de 63	63-85	85-102	102-135	más de 135
1,85	menos de 63	63-86	86-103	103-137	más de 137
1,86	menos de 64	64-86	86-104	104-138	más de 138
1,87	menos de 65	65-87	87-105	105-140	más de 140
1,88	menos de 65	65-88	88-106	106-141	más de 141
1,89	menos de 66	66-89	89-107	107-143	más de 143
1,90	menos de 67	67-90	90-108	108-144	más de 144
1,91	menos de 67	67-91	91-109	109-146	más de 146
1,92	menos de 68	69-92	92-111	111-147	más de 147
1,93	menos de 69	69-93	93-112	112-149	más de 149
1,94	menos de 70	70-94	94-113	113-151	más de 151
1,95	Menos de 70	70-95	95-114	114-152	más de 152
1,96	Menos de 71	71-96	96-115	115-154	más de 154
1,97	Menos de 72	72-97	97-116	116-155	más de 155
1,98	Menos de 73	73-98	98-118	118-157	más de 157
1,99	Menos de 73	73-99	99-119	119-158	más de 158
2.00	Menos de 74	74-100	100-120	120-160	más de 160

creación de centros deportivos y piscinas públicas y otras iniciativas que promueven la actividad física, como el carril bici, o un ejemplo muy reciente implantado en Barcelona y en otras ciudades europeas, el *bicing*.[10]

Jane: «Debes controlar tu vida»

El paciente no debe sentirse culpable, pero sí tiene que implicarse en su tratamiento y aprender a controlar razonablemente su vida y su cuerpo. Es necesario que siga una dieta y que sea muy estricto con los horarios. Concretamente, a Jane le recomendé que hiciera tres comidas diarias y pedí a sus padres que al menos uno de ellos comiera con la chica para apoyarle. También le aconsejé que huyera de situaciones que asociaba con la comida, en especial sentarse frente al televisor.

Tener un horario definido de comidas y no picotear entre horas es más importante que un cálculo obsesivo de la cantidad de calorías de los alimentos que comemos o el seguimiento de dietas concretas que excluyen determinadas clases de alimentos. Una dieta equilibrada es aquella que incluye una gran variedad de alimentos, en especial frutas, verduras, pescado, carne sin grasa y cereales. Siempre les digo a mis pacientes que cuando se preparen una ensalada, piensen que están pintando un lienzo con todos los colores de la paleta, ya que los alimentos con color tienen muchos antioxidantes de defensa.

El concepto de bajar peso rápido no funciona a menos que sirva como primer impulso para una pérdida más lenta; es mejor adelgazar de forma organizada y lenta. Un plan demasiado ambicioso sólo lleva a la frustración, mientras que las

10. Una red de transporte público integrada por miles de bicicletas y decenas de estaciones para recogerlas y devolverlas.

metas realistas hacen que el paciente se sienta orgulloso de conseguirlas y recupere su autoestima.

El control de nuestro horario también debería permitirnos encontrar un hueco para practicar alguna actividad física. Es un método más de control: si estás motivado para practicar deporte, también lo estás para respetar la dieta, dejar el tabaco o moderar las dosis de alcohol. Como en la dieta, cuando uno empieza a practicar deporte, es importante trazar una meta que sea realista y gradual. Para los menos aventureros, andar durante media hora a buen ritmo es más que suficiente.

Se ha puesto mucho énfasis en el hecho de que la actividad física hace bajar peso. En parte, es verdad, pero no es lo más importante. Y existe una gran diferencia entre las calorías ingeridas y las gastadas mediante el ejercicio físico. La actividad física tiene un impacto psicológico que te ayuda a llevar una vida mucho más organizada. El deporte propicia que el cuerpo libere sustancias que inhiben el apetito en el cerebro. Se liberan endorfinas y productos de la musculatura que tienen muchas consecuencias saludables. Desde el punto de vista cardiovascular, la actividad física eleva la concentración de colesterol HDL (el bueno) y reduce la de triglicéridos perjudiciales; ayuda a bajar la presión arterial y a combatir el sobrepeso y la obesidad. Está demostrado que las personas de 50 años que practican deporte con regularidad tienen una esperanza de vida cuatro años mayor que las sedentarias.

A Jane le propuse que hiciera deporte acompañada de otra persona. Pensé que tener un compañero no sólo le serviría de motivación sino que la ayudaría a abrirse más y a superar su introversión. Y le recordé que era muy importante que no empezara a fumar. Fumar contribuye a la pérdida de control y, además, al dejarlo, aumentas de peso.

Por último, le expliqué que era muy importante que entendiera que cuidarse más y escuchar al propio cuerpo no es negativo y no implica que seamos egoístas. A las personas que se cuidan a veces se las tacha erróneamente de egoístas o egocéntricas. No es así: el compromiso familiar y social es importante, pero también lo es el compromiso con ser uno mismo. Tampoco debe confundirse a las personas que controlan sus vidas con aquellas que controlan las vidas de los demás, que son personas inseguras, dominantes o neuróticas.

Jane se marchó de mi consulta aparentemente convencida de la importancia de cambiar sus hábitos de salud. Cuatro años más tarde, yo me había mudado a Boston y trabajaba de médico en el hospital de la Universidad de Harvard. Se presentó en mi consulta para saludarme. Estudiaba en la Facultad de Derecho de la universidad y unos amigos comunes le habían dicho que yo también estaba allí. Era miembro del equipo de atletismo y ya no estaba obesa, aunque, debido a su predisposición genética, estaba en la frontera de lo que se considera un IMC normal. Era una chica extrovertida que tenía muchos amigos. Se cuidaba y había ganado en autoestima. Realmente no sé con certeza qué factores influyeron en una mejora tan espectacular. Me gustaría pensar que la charla que habíamos tenido años antes en mi consulta fue uno de los ingredientes del cambio. Sí me comentó que el apoyo de sus padres y de su novio, con el que hacía *footing* todos los fines de semana, habían sido fundamentales.

Luis

Jane fue a la consulta de Valentín asustada porque no respiraba bien. Sin embargo, no parecía ser consciente de que la obesidad no sólo era la causa de su dificultad para respirar sino que también le socavaba la autoestima, le había empujado al aislamiento social y fomentaba en ella sentimientos de indefensión.

La cultura occidental vincula la delgadez al éxito. El individuo con sobrepeso se suele ver como glotón, perezoso y descuidado. Muchas personas rechazan y culpabilizan a la persona obesa: «¿Cómo se ha hecho esto a sí misma?» Desprecian a aquellos que, por algún motivo, no pueden controlar su vida; en este caso, su cuerpo. Sin embargo, el problema de muchas personas con sobrepeso, aparte de los factores genéticos, alimenticios y educacionales, es que no distinguen entre el apetito por la comida y los estados emocionales como la ansiedad, la frustración, el estrés o la tristeza.

Presos de un círculo vicioso

Los jóvenes hacen suyos los valores y las normas sociales que captan a través de los demás y de los medios de comunicación. Por ejemplo, el resultado de la valoración del propio atractivo físico en comparación con el modelo socialmente aceptado contribuye sustancialmente al concepto que tienen de sí mismos. Cuando piensan que su aspecto físico cumple con los requisitos bendecidos por la sociedad, experimentan niveles más altos de autoaceptación que cuando consideran que su cuerpo no se ajusta a esas pautas convencionales.

Como ya he mencionado al comentar el caso del pequeño David, la autoestima depende en cierta medida de la opinión que emiten sobre nosotros las personas que nos rodean. Es lógico que quienes se sienten humillados o estigmatizados por la gente de su entorno respondan con vergüenza y distanciamiento y tengan más dificultad para desarrollar un concepto favorable de sí mismos. Los adolescentes son especialmente sensibles a los juicios que formulan los demás respecto a ellos, sobre todo las opiniones que expresan sus compañeros de grupo. Por esto, el estigma que marca a los jóvenes obesos suele dañar su autoestima. Jane estaba dominada por un círculo vicioso. Percibía que sus compañeros no la aceptaban porque estaba gorda, y para protegerse se distanciaba de ellos. Seguidamente, se sentía sola y abandonada. Finalmente, recurría a la comida como tranquilizante para calmar su vacío y aislamiento afectivos.

Paralelamente, la televisión se convirtió en un sustituto de la iniciativa, en una especie de manjar que tenía que consumir compulsivamente cada día. Como la mayoría de los televidentes «enganchados», Jane se sumergía en un estado de inercia, de letargo, que a su vez le provocaba una caída del metabolismo y contribuía a su obesidad.

La valoración de uno mismo depende en gran medida del equilibrio entre lo que creemos que somos y lo que nos gustaría ser. Cuanto mayor sea el desequilibrio, más probabilidades tendremos de sentirnos defraudados e impotentes. El caso de Jane ilustra los efectos del sentimiento de indefensión. Las personas que se sienten incapaces de cambiar situaciones adversas y ven que hagan lo que hagan nada mejorará, con el tiempo son proclives a adoptar una disposición apática y derrotista ante las presiones y exigencias de la vida.

La conciencia prolongada de impotencia alimenta los sentimientos de debilidad, socava la confianza, consume la moral y agota la esperanza. Por eso, como señala Valentín, los médicos debemos evitar a toda costa que el paciente obeso salga de la consulta sintiéndose fracasado. Es importante tratarle con comprensión y optimismo, y darle unas pautas de comportamiento factibles, útiles y concretas para que, paulatinamente, vaya abandonando sus hábitos perniciosos que contribuyen a la obesidad.

La técnica del «poco a poco» es la más eficaz a la hora de

corregir conductas perjudiciales para la salud. Por ejemplo, a los fumadores se les aconseja dejar el tabaco gradualmente: fuma un cigarrillo menos por semana. No es un objetivo abrumador y el paciente se autoconvence de que puede hacerlo, se siente orgulloso consigo mismo cuando consigue estas pequeñas metas, aumenta la confianza y motivación, y son menos propensos a la desmoralización y al pasotismo.

Reforzar las funciones ejecutivas

Todos hemos saboreado el placer que supone alcanzar una meta que nos propusimos a largo plazo, especialmente si tuvimos que invertir una buena dosis de esfuerzo y fuerza de voluntad. Una cualidad humana muy gratificante es la capacidad ejecutiva de regular nuestros pensamientos, emociones y conductas. Las personas podemos anticipar las consecuencias de nuestros actos, tomar medidas o elegir comportamientos que faciliten nuestra seguridad o bienestar, y programar nuestras decisiones con miras a alcanzar los objetivos que nos marcamos.

Las funciones ejecutivas se consolidan poco a poco. De pequeños, a medida que nos hacemos conscientes de nuestro *yo* y de nuestros deseos, nos decimos a nosotros mismos las cosas que debemos hacer y las que no, de acuerdo con las instrucciones que recibimos repetidamente de los adultos. A medida que maduramos, nuestras funciones mentales ejecutivas nos permiten administrar nuestra energía, planificar la estrategia y controlar los impulsos que puedan interferir en nuestros planes.

Esto no quiere decir que todo lo que hacemos es fruto de un proceso de deliberación consciente. Una gran parte de los comportamientos humanos son automáticos. No obstante, el autocontrol o la capacidad de frenar conscientemente los impulsos o de retrasar la gratificación mientras perseguimos un objetivo superior es una función ejecutiva fundamental. Esta aptitud hace posible que el joven que ha decidido reducir su sobrepeso se resista al canto de las sirenas de la hamburguesa de queso con patatas fritas que le tienta cada vez que pasa por delante de un restaurante de comida rápida. Sin embargo, llevar las riendas de nuestros deseos más intensos consume bastante energía.

Nuestras funciones ejecutivas configuran una parte muy importante de nuestra identidad y dan sentido a la propia competencia. Un componente frecuente de nuestro bienestar emocional es la sensación de controlar razonablemente el propio programa de vida. Cuando la persona piensa que está sentada en el asiento del conductor, que manda en sus decisiones y gobierna su día a día, se siente más segura y contenta y supera mejor la adversidad que cuando se ve incapaz de dominar las circunstancias. Existe una conexión entre la habilidad para dirigir y regular las propias acciones y la satisfacción con la vida en general de las personas.

Es un hecho que por cada nacimiento hay una muerte, y esta correlación no la podremos cambiar mientras nuestros genes prefieran una vida activa y finita a una existencia interminable. Sin embargo, lo que sí está en nuestras manos, bajo nuestro control, es adoptar hábitos saludables que sabemos que prolongan nuestra esperanza de vida o los años que nos quedan por vivir a partir de un momento dado. A mi entender, no creo que haya una meta más relevante. Después de todo, si estamos muertos, no podemos hacer nada para ser felices.

Capítulo cinco

Joe: joven desmotivado de 23 años con cuello pulsátil y dolor de pecho

Valentín

Julia, una paciente de 25 años a la que operamos en el Hospital Mount Sinai hace cinco años por un problema congénito de una válvula cardíaca, me comentó en el transcurso de un chequeo rutinario que estaba preocupada por su hermano Joe, dos años menor que ella, porque en los últimos meses le había comentado en más de una ocasión que tenía palpitaciones y dolores intensos en el pecho.

Unos días más tarde, Joe vino a mi consulta acompañado de su madre. Julia y Joe habían crecido en el seno de una familia acomodada; el padre era el vicepresidente de un banco de Nueva York y la madre trabajaba de voluntaria en un hospital de la ciudad. Me llamó la atención el hecho de que el joven se presentara «poco preparado para la visita». Rectifico. Para ser más exacto, «lo trajeron». Llevaba ropa vieja, el cabello largo y despeinado, y lo primero que hizo al sentarse en la butaca de mi consulta, fue tumbarse como si estuviera en el salón de su casa frente al televisor. Su madre no sólo lo había arrastrado hasta el hospital sino que ella sí se había preparado un monólogo sobre el estado de salud del chico. Cuando ya hacía más de cinco minutos que hablaba —Joe aún no había abierto la boca—, le pregunté si podía conversar con él a solas. Fue muy interesante porque tan pronto como la madre cerró la puerta tras de sí, el chico tomó la palabra y me contó que estaba alarmado porque tenía unos dolores en el pecho muy intensos y, por otra parte, cuando se acostaba, notaba que «su cuello se movía». Le expliqué que los dolores que experimentaba en el pecho son muy frecuentes y totalmente inofensivos, y responden a un estímulo nervioso; todos los hemos tenido alguna vez, son como una puñalada y no suelen durar más de tres segundos.

Me interesé por el tipo de relación que tenía con su familia y me comentó que sus padres eran «adictos a una sociedad de consumo que no tenía ningún sentido». Le pregunté si estudiaba o trabajaba, a lo que me contestó que «estaba pensando qué quería hacer con su vida», y que se estaba planteando la posibilidad de marcharse durante una temporada a un país africano donde pudiera ser realmente útil. Entonces me contó que había dejado la universidad en segundo de carrera, con 19 años. Quise saber qué había hecho en los últimos cuatro años y me dio la respuesta que ya me había dado minutos atrás: pensar. Había dedicado los últimos años de su vida a pensar en los problemas de la sociedad de consumo y había llegado a la conclusión de que «no quería participar en el mundo capitalista imperante».

Joe hablaba de forma algo descoordinada y estaba tembloroso. Me llamó la atención que su pulso fuera de 120 (el pulso de una persona de esa edad suele ser de entre 60 y 80 pulsaciones por minuto) y que tuviera una presión arterial de 130/90 y los ojos bastante rojizos. Las pruebas de corazón descartaron que padeciera una enfermedad cardiovascular y los análisis de sangre mostraron que la glándula tiroidea era completamente normal.

Le pregunté si tomaba alguna sustancia y me dio una respuesta muy típica en este tipo de paciente: «Realmente, no.»

No falla: el «realmente, no» siempre quiere decir «realmente no tomo más sustancias que mis amigos» o «realmente no tomo cantidades que sean preocupantes» o «realmente no tomo drogas duras». Un «realmente, no» siempre es un «realmente, sí». Mi reacción ante el «realmente no» es idéntica a la que tengo ante el tipo de paciente que de repente asegura que me va a «contar toda la verdad» y automáticamente sé que suele mentir.

Efectivamente, completó su explicación con un «tomo lo que toman todos». Joe se fumaba diariamente quince cigarrillos de marihuana[11] y una cajetilla de tabaco. Según él, cuando fumaba, se relajaba y se encontraba mejor. Había seguido este ritual de relajación en los últimos seis años. Siempre se acostaba tras fumar dos o tres cigarrillos de marihuana. Esta sustancia aumenta el ritmo cardíaco y, por ese motivo, cuando apoyaba la cabeza en la almohada, notaba que los músculos del cuello se movían. Mi diagnóstico fue de chico ansioso, sin objetivos y dependiente de la marihuana y del tabaco.

El chico estaba perdido y muy confundido. Criticaba a sus padres por participar activamente en una sociedad de consumo que él detestaba y se escapaba mentalmente a África. Y la dura realidad es que él vivía a costa de la sociedad que tanto criticaba —sin la ayuda económica de sus padres no podría haber dedicado cuatro años de su vida a pensar y a fumar tabaco y marihuana— y nunca había dado el paso de viajar al continente africano, sino que se había quedado en su apartamento de Manhattan. Otra incongruencia, y la veo continuamente en mi consulta, es que estaba realmente preocupado por su cuerpo y, al mismo tiempo, se estaba autodestruyendo porque no le daba

11. La marihuana son las hojas secas y trituradas procedentes de la planta del cáñamo (también conocido por su nombre en latín, *cannabis*).

ninguna importancia al hecho de fumar tabaco y marihuana. Era víctima de una ceguera mental absoluta. También conseguí averiguar que un psiquiatra le había recetado años atrás medicación para la depresión y que el chico a veces tomaba la medicación y otras no.

Mis años de experiencia como cardiólogo me demuestran que es muy difícil convencer a un paciente de que tiene que dejar de fumar a no ser que se haya producido una situación de crisis. Tengo muchos pacientes que me mandan a sus hijos adolescentes para que sea yo quien les explique los efectos nocivos del tabaco y la marihuana. La triste realidad es que por mucho que me esfuerce, no interiorizarán mis consejos a no ser que ya se haya producido una hecatombe.

Reconozco que, además de experimentar esta sensación de frustración, Joe me planteaba una duda. Me pregunté si estaba ante alguien que tenía un problema psicológico (por ejemplo, una depresión o un trastorno por déficit de atención) o si su actitud era el reflejo de una sociedad que promueve la pasividad de sus jóvenes. Y me cuestioné si ese joven tendría la misma actitud ante la vida si hubiera nacido en otro contexto histórico o en el seno de una familia sin recursos para la que mandar a un hijo a la universidad supusiera una esperanza y la única vía posible para prosperar. Quizás el problema era que Joe sabía que, con o sin título universitario, seguiría teniéndolo todo.

Así que llegué a la conclusión de que lo iba a mandar al psiquiatra (con mis pacientes suelo utilizar la palabra psicólogo porque tiene connotaciones menos negativas). Pensé que un psiquiatra podría entender su problema —además, podía convocar a los padres e identificar posibles problemas familiares— y darle pautas para que se centrara y cambiara de actitud.

La importancia del momento idóneo

Tres años más tarde, Julia, su hermana, volvió a mi consulta para su chequeo rutinario y me interesé por la evolución de su hermano. Me comentó, muy preocupada, que Joe había ido de mal en peor. Fumaba más que nunca y no trabajaba, con la diferencia de que ahora el psiquiatra le había recetado varias medicinas. Decidí intentarlo una vez más; lo llamé por teléfono y le expliqué las consecuencias del tabaquismo y de la marihuana. Le pregunté si podía venir a mi consulta (espero que Luis me perdone la broma, pero os habréis dado cuenta de que es el primer caso de los que hemos tratado en el que mando a mi paciente al psiquiatra y, como veis, lo tuve que rescatar. Por cierto, mi padre era psiquiatra y mi hermano también lo es). Su reacción fue muy interesante. Aceptó venir y nada más verme me dijo: «Quiero que sepa que he venido porque usted es la primera persona que se preocupa por mí desinteresadamente.» Con una simple llamada, Joe y yo habíamos conectado. En esta ocasión, el joven estaba preparado para escuchar –e interiorizar– mis recomendaciones.

Le pedí que se hiciera unas pruebas respiratorias y accedió. Corrió durante diez minutos en una cinta mecánica y le medimos el nivel de oxígeno en la sangre al inicio y al final de la carrera. El hecho de fumar marihuana y tabaco durante nueve años había tenido unas consecuencias nefastas para su sistema respiratorio: su capacidad de ejercicio había quedado disminuida en un 50 por ciento. Cuando le di la mala noticia y le dije que a sus 26 años ya estaba a las puertas de una enfermedad respiratoria, Joe quedó muy afectado y en ese mismo momento decidió que no iba a fumar más.

Gracias a que Julia volvió a mi consulta recientemente puedo contar el final de este caso. En esta ocasión, mi paciente traía buenas noticias de su hermano. Había tomado las riendas de su vida, se había independizado de sus padres y no había vuelto a fumar. Trabajaba durante el día en un restaurante y por la noche iba a la universidad. La joven me comentó que su hermano seguía tratándose para la depresión, pero que ahora aceptaba los consejos de su psiquiatra y se tomaba puntualmente la medicación.

Como ya he dicho antes, vengo de una familia de psiquiatras. Admiro mucho la profesión, pero a veces me pregunto si algunos psiquiatras no se han equivocado al sustituir la psicoterapia (hablar con el paciente) por la farmacología (medicarlo). En algunos casos, como el de Joe, el remedio más efectivo resultó ser una llamada para preocuparme desinteresadamente por su estado de salud.

Una clave de la salud individual y social es la comunicación. Como hemos visto en este caso, interesarse por alguien y saber comunicar este interés puede activar la parte más positiva y constructiva de esa persona y salvarla.

Muchas personas están convencidas de que fumar hierba es «natural» y «sano» o más sano que fumar tabaco. Se equivocan. Se ha demostrado que cuando se fuma marihuana, los productos de la combustión de la hierba son tóxicos para los pulmones y a la larga causan los mismos problemas respiratorios que el tabaco, o más. Por otra parte, el fumador habitual de marihuana puede experimentar pérdida de memoria o problemas en el aprendizaje, dificultad para pensar con claridad o para coordinar el habla o los movimientos y aumento de su pulso cardíaco.

Ciudadanos sanos para una sociedad sana

Recientemente pronuncié una conferencia en Brasil ante unas mil personas que ocupan cargos de responsabilidad y que, en definitiva, pueden tomar decisiones que hagan que el país avance en una dirección o en otra. De hecho, la conferencia era sobre la obesidad, ya que se ha convertido en un auténtico problema social en Brasil (en los últimos veinte años, las enfermedades cardiovasculares por sobrepeso y obesidad se han multiplicado por tres en el país). Yo lancé la siguiente pregunta al público: «Si ustedes, que tienen el potencial para cambiar la sociedad, carecen de salud física o mental, ¿de dónde van a sacar las fuerzas y la pasión para hacerlo?» A la máxima de *mens sana in corpore sano*, totalmente cierta, hay que añadir la de «ciudadanos sanos para una sociedad sana». Esta misma máxima es aplicable a la comunidad médica: si el facultativo no se cuida, carecerá de la fuerza para ayudar a sus pacientes. Se necesita gente enérgica y fuerte que pueda cambiar la sociedad.

Luis

Joe es el típico ejemplo de joven confundido que fuma marihuana para automedicarse y aliviar su vacío emocional. Probablemente, se sentía deprimido, amargado, impotente y enojado consigo mismo, sentimientos que racionalizó y canalizó como pudo, en este caso atacando a una sociedad de consumo representada por sus padres. Fumaba marihuana para evadirse y no tener que enfrentarse a sus temores y preocupaciones. Fumar calmaba temporalmente los sentimientos de hastío y amargura.[12]

12. Al revisar estos casos, hemos sentido el impulso de llamar a los pacientes para obtener más información, pero hemos decidido que es mejor que los casos sean un reflejo de la realidad, tal como se presenta.

Me parece muy interesante la observación de Valentín: «El paciente vino a la consulta poco preparado.» Efectivamente, son muchos los pacientes que entran en la consulta poco preparados. Para el médico es una situación difícil, pues está examinando a alguien que en realidad hubiera preferido quedarse en casa. Un familiar parece haberlos convencido e, incluso, arrastrado. No tienen una actitud que permita la conexión necesaria entre médico y paciente. En el caso de Joe, su poca preparación quedaba reflejada en su aspecto y lenguaje corporal.

Me imagino que a Valentín, que considera que la comunicación y la empatía con sus pacientes son una prioridad, no conectar desde el primer momento con el joven le debió de provocar un sentimiento de frustración, agravada por el hecho de haber tenido decenas de pacientes de un perfil similar que no se dejaron ayudar. Sintió que no tenía armas para ayudar a alguien que mostraba una actitud totalmente apática e indiferente. Sospecho que, en el fondo, decidió mandarlo al psiquiatra como último recurso o quizá como una especie de llamada de atención que le hiciese reflexionar sobre sus comportamientos autodestructivos.

Verdaderamente no sabemos si la intervención del psiquiatra fue terapéutica o un fracaso. Podemos afirmar que no tuvo un éxito inmediato, pero no hay que descartar la posibilidad de que las visitas al psiquiatra contribuyeran a preparar a Joe para volver con una actitud más abierta a la consulta de Valentín unos años después. En cualquier caso, estoy de acuerdo con Valentín en la importancia de hablar y escuchar a los pacientes con problemas psicológicos, aunque me temo que cuando los adultos no quieren hablar con los jóvenes y los jóvenes no quieren hablar con los adultos, la opción de las pastillas es atractiva. Quizás esto explique, al menos en parte, que en las dos últimas décadas el número de recetas médicas de antidepresivos prescritas a jóvenes se haya cuadriplicado en los países más ricos.

Efectivamente, bastantes psiquiatras han pasado de la psicoterapia a la farmacia, y a menudo combinan diversos medicamentos para corregir determinados comportamientos y estados de ánimo. Es cierto que a veces ésta es la única forma de aliviar el sufrimiento de pacientes que padecen trastornos muy recalcitrantes. No obstante, el conocimiento a fondo del enfermo y saber cómo forjar y utilizar la comunicación y la relación médico-paciente con fines terapéuticos son herramientas insustituibles.

Volviendo a Joe, intuyo que Valentín, probablemente sin darse cuenta, agarró el teléfono y lo llamó en el momento oportuno, motivado por la conversación que había mantenido con su hermana. En esta segunda oportunidad que se dieron, el joven estaba preparado para cambiar. El interés de Valentín le causó un profundo impacto y, por otra parte, las malas noticias sobre su estado de salud que recibió poco después le convencieron de que tenía que dar un giro de 180 grados a su vida. En ese momento, el vínculo entre médico y paciente se estrechó porque compartían un objetivo común: ambos comprendían la importancia de cuidar el propio cuerpo.

Drogas y aprender a vivir

Uno de los problemas que más me preocupa son las consecuencias funestas a largo plazo del estado crónico de «ausencia» que produce la marihuana —y el alcohol— en el consumidor joven habitual. Para que las personas podamos desarrollar saludablemente nuestra capacidad de superar los inevitables desafíos y adversidades de la vida necesitamos aprender a vivir, y los efectos de estas drogas interfieren en este aprendizaje, sobre todo en los jóvenes, cuyas redes neuronales y personalidad están en proceso de maduración.

La marihuana, el alcohol y otras drogas, simplemente por su naturaleza química, bloquean la conciencia, producen cortocircuitos en las conexiones cerebrales que regulan las emociones y los recuerdos, convierten las experiencias reales en experiencias ilusorias y fugaces, embotan los sentimientos, dañan el juicio, y entorpecen la habilidad de separar lo esencial de lo superfluo. Por otra parte, al evocar con rapidez un estado emocional placentero, aunque transitorio, estas drogas se convierten fácilmente en un hábito de escape.

La lúcida adquisición del conocimiento durante los años de juventud sobre quiénes somos como seres individuales y sociales nos ayuda a acertar en la selección de nuestras relaciones y de nuestra vocación ocupacional o profesional. También nos aporta una visión realista de nuestras posibilidades. A las personas que son conscientes de sus emociones en el mismo momento en que las están experimentando les resulta más sencillo evaluar la situación en la que se encuentran y modular su comportamiento. Cuanto mejor conectados están con sus propios sentimientos, con más facilidad sintonizan con los sentimientos de los demás.

Otro objetivo en el proceso de aprender a vivir es darnos cuenta de las consecuencias positivas y negativas de nuestros actos, tanto las inmediatas como los resultados a largo plazo. Ciertas conductas repercuten en nosotros, dejan residuo. Aprender de las experiencias pasadas nos ayuda a cambiar y madurar. En definitiva, para aprender a vivir necesitamos ser conscientes de las causas y consecuencias de nuestros comportamientos, tarea que requiere lucidez, motivación y una buena memoria, tres cualidades que son incompatibles con los efectos de las drogas.

Ayudar a los jóvenes a aprender a vivir es, con seguridad,

una inversión rentable de la sociedad, porque garantiza en el futuro miembros satisfechos, responsables, creativos y eficaces.

Nuestra juventud

Las sociedades ricas fomentan el consumismo y las conductas autoindulgentes, pero también actitudes generosas y vitalistas. Crecer en una sociedad próspera no tiene los mismos efectos en todos los jóvenes. Es verdad que nuestros jóvenes crecen con más riqueza, más derechos, más libertad, más conocimientos y más posibilidades para realizarse que nunca. Y en ningún otro momento se les ha respetado y protegido tanto. También es cierto que los jóvenes nunca han manifestado tanto interés por conocer, ni han reivindicado tanto su derecho a forjar un mejor destino para la sociedad, ni han demostrado tanta solidaridad y altruismo ante los problemas sociales o los desastres naturales. En lo que se refiere a la juventud, no existe una edad de oro que añorar. Aceptar este hecho no implica negar los espinosos retos que se cruzan en el camino de los jóvenes, ni ignorar los males que les afligen.

Todos conocemos muchachos como Joe, esclavizados por las drogas o hundidos en la desidia, el desánimo y la desesperación. Sin embargo, la realidad es que estas criaturas atormentadas son minoría. De hecho, como ilustra Joe, el trabajo en Medicina con los jóvenes nos sitúa, por un lado, frente a su fragilidad ante las adversidades. Por otro lado, sin embargo, también nos muestra su sorprendente resistencia, pues la mayoría supera saludablemente las vicisitudes que se cruzan en su camino, y no pocos encuentran incluso oportunidades en las crisis y crecen. Por algo será que numerosas investigaciones sobre el reparto de la dicha apuntan a la elevada satisfacción con la vida en general de la juventud.

Cuando me encuentro ante un público pesimista que, a pesar de la evidencia, se obstina en creer que la juventud actual la forma un grupo descontento, indolente y sin principios, me gusta recordarle con las palabras de un viejo proverbio danés que «el firmamento no es menos azul porque las nubes nos lo oculten o los ciegos no lo vean».

figura 6

DROGAS QUE PUEDEN LLEVAR A LA DEPENDENCIA

● Sí ◍ Posiblemente ○ Probablemente no

Fármaco/droga	Dependencia psicológica	Dependencia física
Depresores/sedantes		
Alcohol	●	●
Narcóticos	●	●
Somníferos (hipnóticos)	●	●
Benzodiacepinas (ansiolíticos)	●	●
Sustancias inhaladas	●	◍
Nitritos volátiles	◍	○
Estimulantes		
Anfetamina	●	●
Metanfetamina (speed)	●	●
Metilenedioximetanfetamina (MDMA, éxtasis, Adán)	●	●
Cocaína	●	●
2-5-dimetoxi-4-metilanfetamina (DOM, STP)	●	●
Fenciclidina (PCP, polvo de ángel)	●	●
Alucinógenos		
Dietilamida del ácido lisérgico (LSD)	●	◍
Marihuana	●	◍
Mescalina	●	◍

Capítulo seis

Max: adulto ambicioso de 29 años con latidos cardíacos rápidos e intensos

Valentín

Max, un joven ejecutivo de Wall Street de 29 años, vino a mi consulta a primera hora de la mañana con latidos cardíacos rápidos e intensos. Estaba casado y su esposa, que no lo acompañó en esta primera visita, estaba embarazada de gemelos. Max tenía un trabajo de mucha responsabilidad en una importante agencia de valores. Era un joven inteligente y muy ambicioso que trabajaba en la «línea de fuego» del mercado financiero; con sus decisiones provocaba la subida y bajada de acciones, y hacía que empresas y accionistas ganaran o perdieran cantidades muy importantes de dinero. Sus movimientos ponían en juego millones de dólares. Y él, sin haber cumplido la treintena, ya era millonario. Tenía un apartamento en Manhattan, una casa en Florida, un barco y una colección de coches. Se acababa de comprar una casa en Brooklyn Heights, un barrio idílico con buenas conexiones con el distrito financiero donde él trabajaba, al que quería mudarse con su esposa cuando nacieran sus hijos.

Me contó su historia familiar. Los padres del joven habían emigrado de Argentina y habían trabajado muy duro —él en una pastelería y ella, en una lavandería del centro de

Manhattan— para que Max y su hermana pudieran tener estudios y una vida más fácil que la suya. Habían inculcado a sus hijos la importancia de la familia y del esfuerzo personal. La hermana de Max, dos años mayor que él, se había licenciado recientemente en la Facultad de Arquitectura. El joven, en cambio, se había decantado por el mundo de los negocios. Tras estudiar en la Escuela de Negocios de la Universidad de Nueva York[13] y quedar entre los primeros de su promoción, una importante compañía financiera lo había contratado y, poco después, ya ganaba más dinero del que nunca había soñado.

Max me contó que a primera hora de la mañana notaba latidos cardíacos fuertes. Estas palpitaciones coincidían con el momento de mayor actividad de su jornada laboral, ya que su trabajo lo obligaba a estar pendiente del mercado europeo y asiático a partir de las cuatro de la madrugada. Debido al desfase horario de los dos continentes, solía acostarse a las nueve de la noche porque se levantaba a las tres de la madrugada para estar conectado al teléfono y a las pantallas de ordenador una hora más tarde. Ése era el momento de más actividad y cuando Max llevaba a cabo las negociaciones más importantes del día. Los expertos en mercados de valores —y a lo largo de los años he examinado a muchos pesos pesados de Wall Street— coinciden en afirmar que es en estos primeros minutos del día cuando te lo juegas todo y que, como en un partido de tenis, ganan aquellos que tienen el juego más rápido e intenso, están más concentrados y tienen la mente más despejada. Curiosamente, había sido un compañero de trabajo, que años atrás había sido mi paciente, quien le recomendó que acudiera a mi consulta cuando el joven le había comentado que tenía palpitaciones con frecuencia.

13. Una prestigiosa universidad privada de Nueva York.

El estrés podría ser la causa de las palpitaciones, pero la experiencia de tantos años con este tipo de pacientes me ha demostrado que la causa suele ser otra. Además, recordaba perfectamente los motivos que habían llevado a su compañero de trabajo a mi consulta e intuía que los problemas de Max eran parecidos. Le pregunté si tomaba alguna sustancia estimulante al levantarse y me respondió con un «¿Por qué me lo pregunta?». Así que volví a insistir. Le pregunté si tomaba café y me explicó que siempre se tomaba un expreso doble, idéntico al que tomaban sus padres cuando él y su hermana eran pequeños. Quise saber si ése era el único café que se tomaba a lo largo del día y me contestó que no; solía tomarse otro a primera hora de la tarde, cuando empezaba a acusar el cansancio del día. Tomaba este segundo café en la oficina, para «volver a poner el motor en marcha» y, según me comentó, esta dosis de cafeína, idéntica a la primera, no le provocaba palpitaciones. Llegados a este punto, decidí insistir un poco más y le pregunté si «estaba seguro» de que sólo tomaba café. Fue entonces cuando confesó que lo primero que hacía cuando se levantaba por las mañanas era inhalar *crack*[14] con el objetivo de rendir al 150 por ciento y trabajar con una intensidad sobrehumana en los momentos de máxima negociación en el mercado de valores. Mi diagnóstico fue de palpitaciones por abuso de cocaína sintética.

14. La cocaína, un polvo blanco de sabor amargo, se extrae de las hojas del arbusto de la coca, mientras que el *crack* es un tipo de cocaína sintética muy adictiva y más barata que la cocaína no manipulada que surgió en la década de los ochenta, y que en Nueva York se extendió como una plaga en los noventa, coincidiendo con la visita del joven a la consulta de Valentín.

Trabajo de alto riesgo

Max no le daba ninguna importancia a su consumo de *crack* porque, según él, consumir sustancias estimulantes era práctica habitual entre algunos jóvenes ejecutivos de Wall Street que trabajan en la primera línea de juego. Estos profesionales suelen desgastarse rápidamente y, al igual que muchos deportistas de élite, antes de los cuarenta ya son millonarios retirados (si han sobrevivido a las drogas). Mi joven paciente era un caso típico. Antes de irse a dormir se tomaba cuatro copas de licor para relajarse y, unas horas después, cuando se levantaba para negociar con Europa y Asia, inhalaba *crack* para tener más energía de lo normal. Era un círculo vicioso porque por la noche aún le duraban los efectos de la droga y tomaba más copas para poder dormir. Y a la mañana siguiente tomaba más *crack* para superar el día. Me confesó que durante los fines de semana y las vacaciones también inhalaba *crack* porque lo necesitaba. El problema no era nuevo. Parece ser que desde muy joven se había acostumbrado a alcanzar determinados estados de ánimo con la ayuda de drogas y otras sustancias. Cuando estudiaba en la universidad, era adicto a la marihuana. Tras su confesión, me pidió que no le comentara nada a su esposa. Me sorprendió que ella no se hubiera percatado de la situación.

Lo primero que hice cuando me quedé solo en mi consulta fue releer el expediente médico de Alex, el compañero que le había recomendado a Max que acudiera a mí y al que yo había tratado unos años antes. Las conexiones entre los casos eran fascinantes. Alex tenía 38 años cuando acudió a mi consulta y, al igual que Max, había sido un importante ejecutivo de Wall Street. Un buen día sufrió un infarto de miocardio tras consumir cocaína. Yo lo conocí poco después y recuerdo que fui muy tajante con él. Le dije que si quería vivir tenía que dejar las drogas. Él me dijo que sin la cocaína no podría mantener el ritmo que le exigía su trabajo. Y le recomendé que, en ese caso, debería buscarse otro menos intenso, aunque esto implicara dejar de ganar las cifras astronómicas que estos jóvenes pueden conseguir con cinco llamadas de teléfono (a menudo simultáneas) y algunos gritos por la oficina. Me hizo caso y su empresa le ofreció otro puesto de menor responsabilidad que el anterior.

A Max le podría haber dado una medicación para mitigar las palpitaciones, pero ésa no era la solución. Por un lado, el tipo de medicación que le hubiera recetado provoca unos efectos contrarios a los que Max buscaba con la cocaína sintética: relaja. Por el otro, si el joven no dejaba de consumir drogas, algún día tendría un infarto como su amigo y, por desgracia, quizá no viviría para contarlo.

La importancia del entorno

Lo llamé y le pedí que me diera permiso para invitar a su esposa y a Alex a mi consulta. Creí conveniente que los cuatro tuviésemos una charla. Llegaron todos a la misma hora, pero hablé primero con Max y su mujer mientras su compañero esperaba fuera. El joven me había autorizado a explicar a su mujer sus problemas de adicción. Fue muy interesante porque ella se quitó un gran peso de encima. Intuía que algo no iba bien y le dio tranquilidad saber la verdad porque, probablemente, pensaba que el comportamiento de su marido se debía a que ella estaba haciendo algo mal. Y ahora ya sabía que tenían un problema concreto y que ella sería un elemento clave para solucionarlo. Recuerdo que le dijo a Max que el dinero no era importante y le recordó que estaban esperando gemelos. Uno de sus comentarios fue crucial: «¿Qué quieres? ¿No ves que si sigues por este camino tus hijos no llegarán a conocerte?»

Tras esta primera conversación con la pareja, Alex entró a mi despacho y le contó a Max cómo la cocaína estuvo a punto de costarle la vida. Afortunadamente, el joven los escuchó y entendió, por primera vez, que había entrado en una dinámica muy negativa de la que era preciso salir. En realidad, su mujer consiguió abrirle los ojos cuando le habló de los hijos que esperaban y del futuro que podían compartir, mientras que el compañero de trabajo consiguió lo mismo compartiendo con él su experiencia. Fueron una combinación excelente.

Max dejó el *crack* y el trabajo. Como le había ocurrido a su compañero, él tampoco creía poder mantener la concentración y vitalidad que requieren esos trabajos sin la ayuda de un estimulante potente. Consiguió que su compañía le diera un trabajo menos desgastante.

Las experiencias de Max y Alex no son casos aislados. Puedo llenar el vestíbulo principal de mi hospital con todos los jóvenes que trabajaban en el mercado financiero y que han terminado en mi consulta. Cuando llega al hospital una persona menor de 40 años con un infarto, una posibilidad es que haya estado tomando cocaína. Esta droga tiene una potente acción coagulante y, además, un efecto vasoconstrictor tremendo. No se necesita ser un gran consumidor de cocaína para experimentar problemas cardíacos; basta con consumirla de forma habitual o, incluso, haberla tomado una sola vez. Siempre digo que al colesterol le cuesta treinta años dañar las arterias. La cocaína puede hacerlo en una sola noche.

En los consumidores habituales de este tipo de droga, el músculo cardíaco se deteriora hasta el punto de no poder bombear sangre de forma eficaz. Sin llegar a los efectos devastadores de la cocaína, se subestiman los efectos de las drogas estimulantes de síntesis como las anfetaminas o el éxtasis. A pesar de que no son tan potentes como la cocaína, también favorecen la constricción de las pequeñas arterias.

La ambición tiene fin. La felicidad no tiene límites. Apostemos por la segunda.

Luis

Este caso ilustra con claridad la personalidad de los consumidores habituales de cocaína: personas ambiciosas que quieren rendir el doble de lo humanamente posible y dar más de sí. Podríamos definir la cocaína, en este caso cocaína sintética, como la droga de la ambición y la competitividad. Aquellos que la toman persiguen tener una mayor concentración, sentir con más intensidad y estar más despiertos, a diferencia de los consumidores de marihuana o incluso heroína, cuyo objetivo principal es evadirse.

Los consumidores de cocaína, manipulada o no, quieren triunfar —o soñar con triunfar— en el mundo de los negocios, en las relaciones sexuales y en el deporte. Como ocurre con la cocaína, el *crack* aumenta el rendimiento físico, disminuye el cansancio y proporciona una sensación de confianza, alerta y euforia. No debe extrañarnos que Max consumiera esta sustancia para tomar decisiones que, en cuestión de segundos, podían enriquecer o arruinar a cientos de personas (y también promocionar o hundir su propia carrera profesional).

Como ha indicado Valentín, el *crack* alcanzó una gran popularidad en Estados Unidos en la década de los noventa. A diferencia de la cocaína, el *crack* se encontraba con facilidad y, además, costaba menos. Lo consumían ejecutivos de Wall Street como Max y Alex, pero también personas de bajo nivel económico de Harlem y el Bronx. Artículos publicados en esa época por diarios como *The New York Times* hablaban continuamente de una epidemia que azotaba las calles de la ciudad y tenía repercusiones nefastas a nivel social y económico y sobre la salud pública. En la actualidad, la cocaína ha vuelto a ganar terreno al *crack*, quizá porque se ha abaratado en los últimos años.

Felicidad sintética

Ciertos mensajes de nuestra sociedad estimulan en algunas personas la obsesión por alcanzar *aquí* y *ahora* metas exorbitantes y, de paso, fomentan la competitividad más brutal a la hora de buscar el poder económico o el éxito profesional. La verdad es que la vida no puede ser un crucero interminable de euforia y exaltación. Es muy habitual que el consumidor de *crack* abuse de otras sustancias para «compensar». Max mitigaba la excesiva sensación de excitación que le producía la cocaína sintética con el alcohol. Con el consumo de drogas se busca alcanzar un estado emocional que, por algún motivo u otro, la persona no cree poder conseguir de forma natural. Normalmente se empieza con una sola droga pero, con el tiempo, se consumen otras para equilibrar y regular los efectos. Verdaderamente, conozco a muy pocas personas que sean adictas a una sola droga.

Irremediablemente, los efectos tóxicos de la cocaína y sus derivados destruyen con el tiempo el autocontrol del consumidor, desfiguran su percepción de la realidad y minan su racionalidad. Además, el consumo de cocaína durante un período prolongado de tiempo (cuatro o cinco años) daña los centros cerebrales que regulan las sensaciones placenteras y causa anhedonía, o pérdida de la capacidad para sentir placer. Irónicamente, la misma persona que consumía esta droga con el objetivo de alcanzar un estado de dicha intensa termina por no poder sentir ningún tipo de placer.

Límites de la confidencialidad

La confidencialidad entre médico y paciente es sagrada. Los pacientes dan por hecho que su médico nunca comentará sus problemas con nadie y que ni siquiera admitiría que son sus pacientes si alguien les preguntara. Sin embargo, esta regla de oro tiene sus matices en los casos de adicciones. Cuando un paciente acude a la consulta y confiesa su problema de adicción, está pidiendo ayuda y es fundamental que el médico sopese su responsabilidad de ayudarlo a salir de un pozo que puede ser mortal.

Una vez el paciente reconoce que consume drogas de forma peligrosa, el médico tiene que examinar a conciencia las ventajas y los inconvenientes de dos principios que le inculcaron desde el primer día que pisó la facultad de Medicina: por un lado, la naturaleza confidencial de la información que le da el paciente y, por el otro, la obligación de no abandonar a un paciente que, sin proponérselo conscientemente, está quitándose la vida. La verdad es que no son pocos los adictos que son insalvables sin la complicidad y el apoyo activo de su familia. Cuando Valentín se sentó con la esposa de Max y le contó qué estaba pasando en realidad, ella comprendió finalmente una situación que probablemente intuía y pudo ayudar a su marido con las armas de las que disponía: su amor y su embarazo. Alex, el compañero de trabajo, también tenía un potente arsenal: el mensaje de «lo que me pasó a mí es lo que te pasará a ti si no cambias de rumbo». La intervención de ambos fue determinante, ya que al joven el consumo de *crack* no le suponía ningún problema económico (al contrario, los efectos que le producía le permitían funcionar y ganar millones todas las madrugadas) y, además, su entorno laboral incentivaba esta actitud.

Cuando la esposa le habla de sus futuros hijos, le está mandando un mensaje muy potente. En otra cultura con unos valores familiares menos fuertes o en otras circunstancias, no hubiera funcionado, pero es obvio que para este joven su familia era una prioridad. Le importaban sus hijos y la posibilidad de no verlos crecer no lo dejó indiferente. Estuvo dispuesto a superar su adicción y dejar un trabajo muy lucrativo para conservar a su familia.

El amigo también fue crucial. Es muy difícil dejar la cocaína cuando uno no tiene un problema serio. De hecho, Max llegó a la consulta de Valentín con unas «simples» palpitaciones, pero el amigo pudo trasmitirle que se estaba jugando la vida porque a él le había pasado.

A diferencia de la heroína y otras sustancias tranquilizantes, la cocaína no crea tanta dependencia física y los síntomas psicológicos de abstinencia no son graves, por lo que se puede dejar de forma tajante su consumo sin sufrir complicaciones médicas. Afortunadamente, Max supo parar a tiempo.

Capítulo siete

Teresa: joven de 33 años deseosa de tener un hijo y con enfermedad cardíaca

Valentín

Teresa, una joven de 33 años, acudió a mi consulta acompañada de su marido. La pareja tenía un hijo de 3 años y se planteaba darle un hermano, pero antes quería saber mi opinión como experto en una enfermedad cardíaca que a ella le habían diagnosticado tras el nacimiento de su primer hijo.

La joven tenía un cargo de responsabilidad en una empresa de alimentación. Su marido era editor y trabajaba con el padre de ella, presidente de un grupo editorial de Nueva York. No había sido contratado por su suegro como consecuencia del noviazgo sino que había conocido a su futura esposa cuando ya trabajaba para la familia de ésta. La madre de Teresa dirigía una escuela privada católica. De hecho, mi paciente tenía profundas convicciones religiosas que compartía con su familia —una familia numerosa compuesta por sus padres y sus cuatro hermanos, todos varones—, pero no con su marido, de origen judío pero menos practicante y con ideas más liberales.

Teresa y su marido buscaron por Internet un cardiólogo que hubiera estudiado e investigado la enfermedad que a ella se le diagnosticó cuatro semanas después de dar a luz: miocardiopatía posparto. Es una enfermedad del músculo cardíaco que aparece al final del embarazo o después del parto y que consiste en una disminución de la contracción del corazón. Tras el nacimiento de su hijo, Teresa empezó a experimentar fatiga de pecho, un cardiólogo le hizo las pruebas pertinentes y se percató de que el corazón había disminuido su contractibilidad.

La miocardiopatía posparto, como hemos comentado, se manifiesta hacia el final del embarazo o, como su nombre indica, en las primeras semanas posteriores al parto. Su causa aún es discutible. Mi opinión, tras estudiar casos durante años, es que se trata de una enfermedad causada por un virus. El problema de esta enfermedad es el pronóstico: si al cabo de un año el corazón no se ha normalizado, un nuevo embarazo implica un riesgo elevadísimo (de hecho, incluso cuando se normaliza, también hay riesgo de que se presenten complicaciones). Las posibilidades de que la enfermedad avance o de que la paciente fallezca son del 25 al 50 por ciento. Algunas de las mujeres que padecen esta enfermedad permanecen estables el resto de sus vidas, pero otras pueden experimentar un deterioro tan agudo de su corazón que se convierten en candidatas a un trasplante. En la actualidad es imposible predecir si la paciente se recuperará o empeorará. Lo único que sabemos con seguridad es que un segundo embarazo es una temeridad por el alto riesgo que supone.

Si bien ignoramos las causas, estadísticamente, esta enfermedad tiene mayor prevalencia en mujeres mayores de 30 años, en multíparas y en pacientes con embarazo gemelar (los embarazos gemelares suponen del 7 al 10 por ciento de los casos publicados de miocardiopatía).

Las pruebas que practiqué a Teresa pusieron de manifiesto que su corazón había mejorado considerablemente desde que un cardiólogo le había diagnosticado la enfermedad tres años antes. Pese a esta mejoría, le expliqué que un nuevo embarazo implicaba un riesgo que ni ella podía asumir como paciente ni yo como cardiólogo. Mi misión como médico es mejorar la salud de mis pacientes y yo no podía aceptar que una joven de 33 años, madre de un niño de 3, iniciara un embarazo con tan altas posibilidades de empeorar su salud o causarle la muerte. Como médico, yo no podía permitir que una mujer joven se suicidara. Yo no le podía decir: «Estoy contigo y te seguiré», ya que no estaba con ella y no podía seguirla si tomaba una decisión con la que estaba en absoluto desacuerdo. En estos casos mando a mis pacientes a algún compañero de confianza y suelo interesarme por ellos periódicamente, pero me niego a tratarlos personalmente.

Ella quería un segundo embarazo a toda costa y a pesar de mi advertencia. Había crecido en el seno de una familia numerosa y quería repetir este modelo. Durante unos años había centrado su atención en su único hijo y su profesión, pero ahora había tomado la decisión de dar prioridad a su vida personal y aumentar su familia. Su marido la apoyaba, pero con una condición: si su salud empeoraba en cualquier estadio del embarazo, tenía que abortar. Ella le dijo que se olvidara de esta posibilidad, ya que sus creencias religiosas negaban la posibilidad de aborto.

Los médicos no somos ajenos a la polémica ética relativa al aborto. Algunos de nosotros tenemos una opinión como ciudadanos y otra como facultativos. Mi posición ante el aborto es negativa, salvo en situaciones extremas. Sin embargo, como médico, nunca interferiría en este aspecto y respetaría la voluntad de mi paciente. En el caso de Teresa, mis reparos éticos eran otros. Mi sentido de la responsabilidad en torno a su salud y supervivencia negaba de pleno un segundo embarazo, por eso le dije sin tapujos que si decidía quedarse embarazada, yo no sería su cardiólogo.

Mi advertencia desencadenó una discusión acalorada del matrimonio en mi consulta, hasta el punto de que me vi obligado a mediar para calmar los ánimos (y les ofrecí una bebida de mi nevera para bajar la temperatura de la habitación). Llegué a la conclusión de que este matrimonio tenía problemas de comunicación porque no me pareció normal que nunca hubieran hablado de cuestiones familiares y éticas que son básicas. La discusión fue tan intensa que en varias ocasiones tuve que intervenir más como un consejero de paz que como médico.

Terapia de pareja

Decidí que en una cuestión tan importante para la supervivencia de la madre era vital la mediación de un experto en terapia de parejas. Necesitaban a alguien que los ayudara a comunicarse y a resolver sus diferencias religiosas y de valores. Así que busqué al terapeuta que, en mi opinión, podía ayudarlos mejor. A diferencia de otras especialidades médicas —que permiten calificar al facultativo de excelente, normal o no necesariamente recomendable—, la eficacia de los psiquiatras también depende de que sean los más acertados para el tipo de paciente que tienen que tratar. Cuando mando a un paciente a un psiquiatra, tengo que hacer un tipo de búsqueda muy distinta a la que hago cuando les recomiendo otro tipo de médico, por ejemplo a un traumatólogo o a un neurólogo, que tratan enfermedades físicas más concretas. Necesito tener información personal del psiquiatra porque la experiencia me ha enseñado que, en muchas ocasiones, el psiquiatra no ve los matices de una situación emocional compleja donde hay muchos factores genéticos y adquiridos. Por este motivo decidí mandar a Teresa y a su marido a un colega muy amigo mío, experto en terapia matrimonial, que es judío y está casado con una católica. Sabía que él no los encasillaría o etiquetaría y les ayudaría a suavizar sus diferencias.

Pese a advertirles de que yo no iba a ser su cardiólogo si decidían tener un segundo hijo, les indiqué que antes de traspasar su expediente a otro cardiólogo, los quería ver una vez más y les pedí que volvieran unas semanas más tarde, cuando ya hubieran participado en unas cuantas sesiones de terapia con el psiquiatra.

Tres meses más tarde volvieron y me dijeron que se ponían en mis manos. En su expediente tengo escrito: «¡MILAGRO!» El experto en terapia de parejas tuvo una influencia muy positiva. Dejaron de pensar en el embarazo.

Es importante diferenciar entre los riesgos objetivos de un embarazo, como el que asume una mujer con miocardiopatía posparto, y los riesgos relativos o desconocidos de otras pacientes, por ejemplo aquellas que son portadoras de un gen recesivo que pueden trasmitir (o no) a sus hijos ciertas enfermedades hereditarias o las que, por edad, asumen un embarazo de riesgo. Sabíamos objetivamente las posibilidades de que este segundo embarazo diera problemas a la madre y por esa razón fui tan tajante.

Teresa viene a mi consulta anualmente y su corazón mejora. Han pasado otros tres años y su hijo ya tiene 6, y según me cuentan sus orgullosos padres, es un gran jugador de fútbol. Mi paciente y su marido forman un matrimonio aparentemente avenido y parecen contentos y felices con su situación familiar. Este caso ilustra cómo a veces los sinsabores y desarmonías pueden ser el punto de apertura de una puerta de esperanza.

Luis

Cuando acudió con su marido a la consulta de Valentín por primera vez, Teresa ardía en deseos de tener un hijo. Es comprensible que reaccionara con rabia a la sugerencia de apagar para siempre su anhelo de maternidad, independientemente de la sensatez y prudencia de dicha recomendación médica. El ansia de procrear de las mujeres constituye una pasión primaria, irresistible e incluso a veces irracional. Desde el punto de vista evolutivo, es un impulso femenino innato y ancestral al que no cabe oponerse con argumentos lógicos.

En mi experiencia, son contadas las mujeres que, en circunstancias comparables a las de esta joven, tiran la toalla sin antes haber luchado ferozmente por satisfacer su necesidad vital de concebir un hijo. Incluso he oído a más de una afirmar convencida que preferiría no vivir a abdicar de su fertilidad. Y aquellas mujeres que, forzadas por causa mayor, desisten finalmente de ser madres se verán obligadas a pasar por el amargo y penoso duelo interior que supone la pérdida irreversible de la capacidad reproductora. A fin de cuentas, ¿existe algo más prodigioso en este mundo que la facultad de crear vida?

Teresa no estaba preparada para renunciar a ser madre por segunda vez. Incluso la propuesta del marido —abortar en el caso de que, una vez embarazada, la dolencia cardíaca empeorase y pusiera en peligro su vida— constituía una alternativa inaceptable, pues chocaba con su empeño de hacer realidad su potencial reproductor. Creo que son muchos los hombres que no entienden ni tienen en cuenta el profundo significado que posee la maternidad para la mayoría de las mujeres.

El angustiante dilema del aborto

El aborto es, ciertamente, un tema muy polémico. A pesar de ser legal en Estados Unidos desde hace más de tres décadas, pocas cuestiones provocan tantos enfrentamientos y amargas controversias como la interrupción de un embarazo. El debate rezuma apasionamiento y subjetividad, y a menudo ha alcanzado cotas de polarización y agresividad sorprendentes. De hecho, los defensores y los detractores del derecho al aborto parecen vivir en mundos distintos. No utilizan ni las mismas premisas ni el mismo lenguaje, y están fervientemente convencidos de que sus opiniones son las únicas lógicas y morales.

Es cierto que, a lo largo de la historia, mujeres de todas las culturas han considerado el aborto como una alternativa ante el intolerable dilema del embarazo indeseado o peligroso para la salud de la madre. Cuando la solución les parecía imposible, algunas, indefensas y abrumadas, perdían la cabeza y se suicidaban. Otras, en la desesperación, ingerían venenos, se autoproducían daños irreparables o morían a manos de abortistas sádicos. En la actualidad, las mujeres que no quieren el embarazo pueden optar por un aborto médico seguro. Sin embargo, pocas escapan de la disyuntiva angustiosa de elegir entre una maternidad que no quieren y un aborto que aborrecen. Las mujeres que con más frecuencia experimentan una reacción emocional negativa al aborto suelen ser las que no tomaron la decisión libremente, las que tuvieron que interrumpir el embarazo de mala gana, bajo presión de familiares, por indicación médica o por problemas genéticos del feto.

Dentro de la pareja, compartir la decisión y la experiencia de interrumpir la gestación puede ser difícil para ambos, pues con frecuencia el hombre y la mujer albergan sentimientos conflictivos sobre la responsabilidad y el papel que cada uno desempeñó en el embarazo. Por razones biológicas obvias, el varón sólo puede experimentar el embarazo indirectamente, como un concepto abstracto. Su opinión sobre el aborto suele estar formulada en términos más teóricos que pragmáticos. Con todo, para los hombres, el aborto provoca a menudo sentimientos muy penosos de impotencia, pues ni pueden acceder a la maternidad ni controlan la decisión de interrumpirla.

Pienso que al afrontar el tema del aborto, inevitablemente nos cuestionamos muchas cosas y aprendemos algo sobre nosotros mismos. Sospecho que este angustiante dilema humano no se va a resolver con manifestaciones públicas, ni en las urnas, ni en los tribunales, ni en las aulas de filosofía, sino en nuestros corazones. Porque la interrupción del embarazo, más que un tema de vida y de *no vida*, nos enfrenta con el imperativo de reconocer el derecho de la mujer a tomar decisiones sobre situaciones que implican enormes consecuencias para su cuerpo y para su futuro y, a menudo, con las graves secuelas de la concepción indeseada. En el fondo es una cuestión de empatía, de ponernos genuinamente con afecto y comprensión en una realidad femenina.

Como apunta Valentín, en el caso de Teresa las consideraciones éticas no se centraban tanto en la hipotética interrupción del embarazo propuesta por el marido como en la decisión de embarazarse pese al alto riesgo de muerte que asumía la madre.

Contrato con pacientes autodestructivos

Esta joven tiene una familia (un marido y un hijo de 3 años) y se empeña en asumir un embarazo que puede debilitar su corazón e incluso causarle la muerte. En estas circunstancias comprendo la actitud de Valentín ante la decisión de su paciente de quedarse embarazada pese a las altas probabilidades de morir en el empeño. En mi opinión, cuando tenemos hijos, renunciamos al derecho de quitarnos la vida. Sencillamente, los daños que les causamos son tan espantosos como injustificables. El suicidio de la madre o el padre es siempre una experiencia devastadora para los descendientes que se quedan detrás, el más cruel de los abandonos. Y lo que es peor, los hijos o se culpan a sí mismos de la pérdida, o nunca se perdonan que no pudiesen evitarla.

Toda relación, también la que se establece entre médico y paciente, tiene que respetar unas reglas del juego que en algunos casos son implícitas y en otros se verbalizan. Con mis pacientes que sufren algún trastorno del estado de ánimo, de la personalidad o del comportamiento y alimentan ideas autodestructivas, siempre hago el contrato verbal de que, mientras estén bajo mi tratamiento, no pueden considerar la opción del suicidio. Si no descartan la opción de quitarse la vida, yo no los puedo tratar como pacientes y los derivo a otro especialista.

El hecho de que la pareja discutiera en la consulta de Valentín me parece positivo porque muestra que confiaban en él y no tenían ningún reparo en tener este enfrentamiento en su presencia. No les importó debatir abiertamente cuestiones delicadas relacionadas con sus creencias y valores más íntimos. Al mismo tiempo, aceptaron su recomendación de consultar con un psicoterapeuta experto en relaciones de pareja.

Muchas parejas logran superar las crisis, utilizan sus propios recursos personales y se benefician de la ayuda de los buenos amigos y del apoyo de familiares. No obstante, cuando las relaciones se descomponen hasta el punto de poner en peligro su equilibrio y felicidad, es aconsejable buscar la ayuda de especialistas. Sin embargo, esta regla tan obvia y razonable no siempre se cumple. Todos hemos conocido matrimonios crónicamente sumergidos en la tristeza, la frustración o la rabia, a causa de problemas en su relación, pero que no hacen nada por resolverlos y liberarse de la opresión que les amarga la vida.

En mi experiencia, la causa más frecuente de la apatía o resignación que mantiene a tantas parejas estancadas en su desdicha e indefensión es la falta de conciencia de que sus conflictos pueden ser definidos, subsanados o, al menos, mitigados. Ser conscientes de que tenemos un problema es el primer paso imprescindible en el camino de su resolución.

La mayoría de las terapias utilizan la introspección y se centran en la comunicación de la pareja. Fomentan el análisis honesto de los conflictos, las expectativas, las ideas, las emociones y los deseos de cada uno, y fomentan la comprensión, la racionalidad y el autocontrol.

En el caso de Teresa, la terapia funcionó y la comunicación del matrimonio mejoró. Todo parece indicar que ella aprendió a ser feliz con la familia que había formado y entendió los inconvenientes de poner en riesgo su vida y la felicidad de los suyos.

Capítulo ocho

Luna: joven de 35 años con múltiples hospitalizaciones

Valentín

Un viernes por la noche, un médico del servicio de urgencias del hospital donde trabajo me llamó porque estaba atendiendo a una joven de 35 años con lupus, que se quejaba de un fuerte dolor en el pecho. La joven, Luna, había sufrido un infarto de miocardio cinco años antes y en esa ocasión había acudido a mi consulta acompañada de su madre. Ahora se había presentado sola en el servicio de urgencias y el facultativo me llamó alarmado porque temía estar delante de un segundo infarto.

El lupus eritematoso sistémico es una enfermedad inmunológica crónica que puede —aunque no tiene por qué— afectar a muchos órganos, incluidos el corazón y las arterias coronarias. En el corazón puede producir hipercoagulabilidad, es decir tendencia al coágulo de sangre. También puede afectar al hígado, a los riñones, al sistema nervioso, a la piel y a las articulaciones. El sistema inmunológico de la persona ataca a las células y a los tejidos del cuerpo, provocando procesos inflamatorios intermitentes que duran aproximadamente un mes. Suele tratarse con corticosteroides e inmunosupresores.[15]

15. Los corticoides son un grupo de medicamentos que tienen una acción antiinflamatoria. Por su parte, los inmunosupresores dis-

Mi relación con Luna se limitaba a una sola consulta, años atrás, pocos días después de su ataque cardíaco. Según apunté en la ficha médica, la joven estaba soltera, tenía 30 años y vivía con su madre y sus cuatro hermanas en el Bronx. La madre era señora de la limpieza. Luna era la hermana mayor y nunca había tenido un trabajo estable. La segunda hermana era cajera en un supermercado y cobraba por horas. Las dos pequeñas aún estudiaban en el instituto. La familia se beneficiaba de Medicaid, un seguro médico público disponible para personas con ingresos limitados. Medicaid está financiado a partes iguales por el estado (en este caso, el estado de Nueva York) y el gobierno federal. Entrar en Medicaid no es fácil, pero aquellos que consiguen demostrar que cumplen los requisitos para beneficiarse del seguro público pueden acudir a los mejores especialistas. Medicaid, como los seguros privados, paga a los hospitales que atienden a sus beneficiarios; muchas veces incluso paga mejor que las compañías de seguros privadas.

Examiné a la joven y le receté tres medicamentos que suelen darse al paciente que ha sufrido un infarto: estatinas, aspirina y un inhibidor de la enzima convertidora de la angiotensina (ECA).[16] El lupus, la enfermedad crónica que padecía, estaba en fase estable, pero le pedí que en caso de inflamación —que suele manifestarse en forma de fatiga y fiebre— me llamara rápidamente. También le indiqué que aunque se encon-

minuyen las respuestas inmunológicas naturales del sistema inmunitario.

16. La enzima convertidora de la angiotensina (ECA) estrecha los vasos sanguíneos, lo cual dificulta que la sangre con oxígeno llegue al corazón. Los inhibidores de la ECA bloquean la acción de esta enzima y permiten que los vasos sanguíneos se dilaten, la presión arterial disminuya y el corazón reciba más sangre rica en oxígeno.

trara bien, era importante que volviera a mi consulta en unos meses para una revisión rutinaria.

No volví a saber de ella hasta que cinco años después me llamó el médico que la atendió en urgencias. De madrugada, me desplacé hasta allí para estudiar el electrocardiograma y los estudios de laboratorio que le habían realizado. Algo no cuadraba: Luna aseguraba sufrir un intenso dolor en el pecho, pero las pruebas descartaban la posibilidad de infarto y nada parecía indicar que los dolores tuvieran un origen físico.

Fui a la habitación del hospital donde Luna había pasado la noche. Le hice muchas preguntas. Quise saber dónde estaba su madre. Me respondió que habían dejado de hablarse poco después de que yo la visitara por primera vez. Me contó que desde hacía unos años compartía un piso alquilado con una amiga en el Bronx y que no se hablaba con su familia. Le pregunté si había acudido a otro hospital recientemente y me comentó que una semana antes también había sufrido dolor en el pecho y que la habían atendido en el servicio de urgencias del Hospital Universitario de Cornell.[17] Al llamar a Cornell me enteré de que había estado hospitalizada tres días y que le habían realizado una angiografía para evaluar el estado de sus arterias coronarias. Tras descartar que tuviera nada grave, le habían dado el alta. Mi siguiente pregunta para mis colegas de Cornell fue muy directa. Quise saber si le habían dado morfina para calmar el dolor que ella aseguraba tener. Y me respondieron afirmativamente. Les pregunté por qué y me contestaron que la paciente les había indicado que la morfina era lo único que calmaba sus dolores de pecho. Ésa era la clave. La joven tenía

17. El Cornell Medical College es un centro médico universitario que está afiliado al New York Presbyterian Hospital.

lupus y, efectivamente, había sufrido un infarto unos años antes, pero su problema principal era otro: era adicta a la morfina.

Decidí ir al fondo de la cuestión. Volví a la habitación de Luna y la saludé con un «tú y yo tenemos que hablar». Le pregunté a cuántos servicios de urgencias había acudido en los últimos meses quejándose de dolor en el pecho y pidiendo morfina. Me contestó con un inexacto «tres o cuatro». Le pedí permiso para contactar con los hospitales y me lo dio.

No tardamos mucho en confirmar que Luna, en las últimas cinco semanas, había estado en seis hospitales de Nueva York. Llegué a la conclusión de que su lupus había conseguido engatusar a una buena parte de la comunidad médica. Se presentaba como enferma de lupus que había sufrido un infarto de miocardio y todos los médicos que la atendían se alarmaban ante la posibilidad de un nuevo infarto y le hacían angiografías. También le daban morfina para calmar su dolor. Cegados por datos con una cierta base de realidad, los servicios de urgencias no caían en la cuenta de que lo único que quería la joven era la morfina que le administraban.

¿Y qué haces con un paciente como Luna? Pensé que si le daba el alta, la joven seguiría manipulando al sistema y que nadie atacaría el problema de raíz. Así que la ingresé y pedí a los médicos de mi equipo que me ayudaran a encontrar a su madre y a sus cuatro hermanas.

Logramos localizar a una de sus hermanas. Nos confirmó que toda la familia había perdido contacto con Luna cinco años atrás y que sabían que era adicta. Se ofreció a hablar con una de sus hermanas y con dos tías que también estaban preocupadas por la joven y que estarían dispuestas a ayudar. La madre no quería saber nada de ella porque la última vez que se vieron tuvieron una acalorada discusión y las hermanas restantes tenían sus propios problemas: una era madre soltera de dos hijos, vivía en Dallas y estaba enferma, y la otra vivía en Chicago y había perdido su trabajo pocos días antes.

Las cuatro mujeres se reunieron ese mismo día y decidieron que acudirían al hospital a la mañana siguiente. Cuando Luna supo que su familia la visitaría (con la intención de convencerla para que siguiera un tratamiento contra su adicción), pidió al hospital que le diera el alta. Me negué rotundamente, y en contra de mi voluntad —y con un documento firmado por ella en el que manifestaba que se marchaba del hospital con la oposición de los médicos que la habían atendido pese a sufrir de adicción a la morfina—, recogió sus cosas y salió por la puerta tan rápida como pudo.

Y aquí podría haber terminado esta narración. Cuando la vi salir por la puerta, me pregunté, preocupado, qué sería de ella. No tardé en tener la respuesta y el mapa exacto de su periplo por Nueva York.

Salió del Hospital Monte Sinaí y al cabo de unas horas se presentó en los servicios de urgencias del Hospital Universitario de Columbia.[18] Como en anteriores ocasiones, utilizó su carta de presentación: paciente con lupus que había padecido hace unos años un ataque cardíaco y que tenía un dolor insoportable en el pecho que sólo podrá calmar con morfina. Y logró lo que quería: los médicos le practicaron una angiografía y le administraron morfina para calmarla.

Tan pronto como le dieron el alta, la joven se fue a otro hospital; concretamente, al Hospital Lincoln, un centro público situado en el barrio del Bronx. Y aquí cometió un error. Cambió su carta de presentación y les entregó el documento de alta médica que había firmado al abandonar el Hospital

18. La Universidad de Columbia es una de las más prestigiosas de Estados Unidos y su campus está en el barrio de Harlem, en Manhattan.

Monte Sinaí. Por lo visto, no lo había leído y tal vez pensó que era una mera descripción de las pruebas que le habíamos practicado o que nos limitábamos a confirmar que padecía lupus. El documento indicaba que la paciente era morfinómana y que abandonaba el hospital en contra de la opinión del equipo que la había atendido. Cuando el médico leyó el informe, me llamó inmediatamente. En esta ocasión sí logramos retenerla y que se reuniera con su familia. Se inscribió en un programa de desintoxicación del Hospital Bellevue de Nueva York.[19]

Falta de comunicación entre hospitales

El caso de Luna no es aislado. Son muchos los pacientes que van de hospital en hospital sin que ninguno de los centros médicos tenga información sobre las pruebas practicadas con anterioridad, las enfermedades diagnosticadas, los fármacos recetados, las impresiones de los facultativos que los atendieron y otros datos de valor, como el contacto de familiares y anécdotas o conversaciones que tuvieron lugar durante la visita médica. Cada hospital tiene información parcial; son piezas de un rompecabezas y si pudiéramos unir la información, tendríamos una visión completa del paciente. Tener todas las piezas puede permitirnos salvarles la vida o salvar la vida de otras personas que conviven con ellos. Hoy en día, no existen problemas técnicos que impidan que los hospitales compartan información. La tecnología permite que la historia clínica de un paciente pueda ser electrónica y única. Sin embargo, esta

19. Gestionado por la Universidad de Nueva York (NYU en sus siglas en inglés), el Hospital Bellevue es el mayor hospital público de Estados Unidos.

posibilidad sí plantea problemas legales, a no ser que el paciente dé su conformidad. En 1999 se aprobó una ley federal, conocida como la HIPA (*Health Information Privacy Act*, o ley de confidencialidad de la información en el ámbito sanitario), que limita rigurosamente el intercambio de información médica de los pacientes.

Cobertura médica

El sistema médico estaba preparado para practicarle a Luna todas las pruebas que hicieran falta, pero se saltaba el paso previo: investigar con calma el problema que se escondía detrás de una paciente que había estado en todos los servicios de urgencias de los hospitales de la ciudad. Los trabajadores sociales también fallaron: de buena fe se interesaron por su situación económica, le preguntaron dónde vivía y con quién, pero no supieron ver que la mujer había acudido al hospital con la única intención de conseguir morfina. El coste de todas las pruebas que le practicaron a la joven y que no necesitaba fue elevadísimo.

Para los pacientes con un buen seguro privado, tener una enfermedad crónica o un grave problema de salud no supone un problema de cobertura médica. Tampoco para todos aquellos que, como Luna, se benefician del seguro público Medicaid. Este seguro de enfermedad estatal está destinado a las personas que económicamente se encuentran por debajo del nivel de pobreza oficial, según los cálculos del gobierno federal.[20] Pero alrededor de 40 millones de estadounidenses carecen de seguro privado y no cumplen las condiciones para entrar en Medicaid. Mis numerosos años

20. En 2008, el nivel consistía en ingresos anuales por debajo de 11.000 dólares para un individuo y 18.000 para una familia de tres.

de experiencia me han demostrado que cuando estas personas acuden al hospital, el sistema es muy consciente del coste de las pruebas y de los tratamientos que nadie pagará, y muchas veces no recibirán la misma atención que las personas con cobertura. Sin la cobertura de Medicaid, mi paciente —una enferma crónica de lupus y morfinómana— estaría perdida.

LUIS

Las penosas peripecias de Luna con sus enfermedades, aparte del tema de las adicciones sobre los que ya comentamos en los casos de Joe y de Max, suscitan en mí dos cuestiones. Una es el significado y uso que le damos a las dolencias que padecemos. La segunda es la respuesta de los médicos y demás profesionales sanitarios al dolor de los pacientes.

El significado de la enfermedad

Todas las enfermedades, además de ser alteraciones de la salud, constituyen símbolos que reflejan el carácter de sus víctimas y los valores sociales y culturales del entorno. El infarto de miocardio no tiene las mismas connotaciones que la cirrosis de hígado, ni la miocardiopatía producida por un virus tiene el mismo significado que la infección por el virus de inmunodeficiencia humana o el sida, y a una cicatriz no le damos el mismo sentido si es consecuencia de una operación quirúrgica que si es el resultado de una puñalada, aunque a la vista sean idénticas.

Igualmente, las personas respondemos de formas diferentes a las enfermedades según nuestra personalidad, las circunstancias en que vivimos, las experiencias pasadas, nuestro conocimiento y las creencias que asimilamos de nuestro entorno social.

Hay personas que fingen intencionadamente signos físicos o psicológicos patológicos con el fin de asumir el papel de enfermo. Estos pacientes «falsos» o simuladores de enfermedades no sólo aumentan artificialmente la demanda asistencial, sino que también se provocan a sí mismos mucho estrés, así como a sus familiares y seres queridos, y a los profesionales que los atienden. En el caso de Luna, aunque también implica la simulación o exageración intencional, la motivación para la producción de síntomas no es conseguir la identidad de un enfermo sino un incentivo externo gratificante, como la morfina.

Por lo tanto, Luna pertenece al grupo de pacientes que se aferran a la enfermedad y la usan estratégicamente para conseguir algún beneficio o como motivo o pretexto para eludir responsabilidades en sus relaciones, en el trabajo o ante problemas económicos, o para disculpar ciertos comportamientos destructivos. Esto es lo que llamamos en mi campo «ganancia secundaria». En concreto, la joven utilizaba el lupus y el antiguo infarto para mantener su adicción a la morfina y evitar los penosos síntomas del síndrome de abstinencia. Con este fin deambulaba de hospital en hospital exagerando o incluso fingiendo síntomas para conseguir la atención de los médicos y la dosis del narcótico que la estabilizaba temporalmente.

Como bien apunta Valentín, los pacientes como Luna que buscan ayuda para aliviar su dolor en múltiples centros suponen un desafío para el sistema sanitario. Por una parte, es difícil coordinar su tratamiento, pues como ya ha mencionado Valentín, existen leyes que prohíben tajantemente intercambiar información médica sobre un paciente —ni siquiera está permitido confirmar el nombre de un enfermo— entre hospitales o profesionales, excepto con el consentimiento formal del paciente o cuando los profesionales forman parte del mismo equipo responsable de sus cuidados. Por la otra, al sufrir una enfermedad dolorosa como el lupus, ser personas manipuladoras y engañosas, a menudo el médico no puede discernir entre el dolor real y el fingido.

En cuanto a otros significados que las personas atribuyen a sus padecimientos, diré que he conocido bastante gente que concibe la enfermedad como un reto al que hay que enfrentarse decididamente, un desafío que deben superar. Esas personas suelen reaccionar con determinación, adoptan una actitud racional y metódica para vencer la prueba, quieren entender las posibles causas del mal que les aqueja, cooperan con el médico y cumplen con rigor sus directrices. También las hay que ven la enfermedad como una cruel agresión, un enemigo maligno contra el que la única opción es la lucha sin cuartel. A estos enfermos les mueven los sentimientos de indignación y rabia, por lo que a veces pierden la paciencia y la racionalidad y descargan su hostilidad en los mismos profesionales encargados de asistirles.

Algunos pacientes perciben la enfermedad como un castigo de Dios o de la naturaleza. Quienes consideran que el castigo es injusto reaccionan como los que ven en la enfermedad la agresión de un enemigo y a menudo manifiestan hostilidad y desconfianza hacia el médico. Sin embargo, los que juzgan el castigo como justo suelen responder con sentimientos de culpa y resignación. Para éstos, el sufrimiento es la forma de expiar o redimir sus fallos y excesos, una condición penosa pero necesaria para poder comenzar una nueva vida mejor. Cercanos a este grupo de penitentes esperanzados sitúo a los individuos que interpretan la enfermedad como el resultado de una debilidad, un fallo o un defecto personal con implicaciones morales negativas imperdonables. Su respuesta, sin embargo, suele consistir en aislamiento y vergüenza, por lo que tienden a negar o disimular la aflicción. Algunos de temperamento especialmente pesimista consideran que el daño personal y social es total e insuperable. Esta actitud derrotista suele traducirse en sentimientos de indefensión, desesperanza y, en casos extremos, en el suicidio.

Quienes temen que su enfermedad pueda dañar su imagen pública se resisten a acudir al médico, incluso si ello repercute peligrosamente en su salud. Algunos que cuentan con recursos económicos lo hacen a escondidas. No pocos europeos y latinoamericanos que padecen enfermedades del corazón o depresión optan por buscar ayuda médica en Nueva York, no tanto porque el tratamiento pueda ser más eficaz sino para evitar los posibles efectos perjudiciales para su reputación en su círculo social.

El impacto de lo que puedan pensar los demás es particularmente determinante en el mundo de las enfermedades mentales. De hecho, la barrera más alta que se interpone en el tratamiento de estas dolencias que hoy día o se curan o se alivian es el miedo de los afectados a lo que puedan pensar los demás. He oído incontables veces frases como «no quiero que crean que soy débil de carácter» en boca de hombres y mujeres afligidos por enfermedades que, de haberse tratado a tiempo, se hubieran ahorrado años de tormento.

Quizás en el extremo opuesto están las personas que encuentran en la enfermedad algo valioso, una oportunidad para alimentar la espiritualidad, expandir su mundo interior, mejorar su personalidad o expresar creatividad. Abundan las imágenes de reconocidos personajes de la historia que parecen conseguir metas superiores gracias a una enfermedad o discapacidad. Por ejemplo, el ciego Bach dictando una coral para órgano, Beethoven totalmente sordo y enfermo escribiendo su cuarteto en la menor, el asmático Proust trabajando sin descanso para concluir su novela monumental antes de morir, o la escritora ciega y sordomuda Helen Keller dictando sus conmovedores ensayos. Realmente no está nada claro si la creatividad de estos genios fue alimentada por sus enfermedades o la expresaron a pesar de sus dolencias. Lo que sí parece cierto es que, en muchas personas, la experiencia de la enfermedad intensifica las sensaciones, aviva las emociones, expande la fantasía y cambia la percepción de la vida.

Partidarios del dolor

Volviendo a Luna, no cabe duda de que las personas adictas que se aprovechan de la fragmentación y compartimentación del sistema hospitalario sanitario y persuaden o manipulan a los facultativos de diversas instituciones para saciar su adicción a los narcóticos plantean un serio problema sanitario y social. No obstante, en mi opinión, un problema aún más grave y extendido es la reticencia de los profesionales a evaluar y calmar el dolor de sus pacientes. De hecho, en la mayoría de los hospitales neoyorquinos, tanto públicos como privados, los resultados de las encuestas que miden la satisfacción de los pacientes que han estado internados revelan consistentemente que la causa más frecuente de insatisfacción es el desinterés y la ineficacia de los médicos y el personal de enfermería a la hora de aliviarles el dolor.

En el camino tortuoso de la vida, todos o casi todos nos enfrentamos en algún momento a males implacables muy poderosos que intentan arrebatarnos la dicha. Uno de los más comunes es el dolor. El dolor es, por definición, una sensación incompatible con el bienestar, pese a que a menudo nos ayuda a mantenernos vivos. Es difícil concebir la supervivencia del ser humano sin dolor. De hecho, el dolor nos asiste desde muy pequeños a ser conscientes de los riesgos del entorno y a prestar atención a las averías de nuestro cuerpo. Sin embargo, es un aliado traicionero. Nos avisa de peligros, pero también puede arruinarnos la vida.

Si bien la Medicina cuenta hoy con poderosos remedios analgésicos, hay dolores crónicos tan intensos e indomables que consumen la alegría y la ilusión de los más entusiastas. El motivo es que destruyen la autonomía, el sentido de autocontrol sobre las actividades personales más elementales y la capacidad de participar y de mantenernos conectados con los demás. Para algunos afligidos por dolores recalcitrantes, el sufrimiento llega a superar al terror de la propia muerte.

Gran parte de la causa de la resistencia de los médicos a paliar el dolor es consecuencia de la tendencia tan extendida a descartar los sentimientos de los pacientes y a no justipreciar sus experiencias subjetivas. Este problema se complica más aún cuando tenemos en cuenta que el dolor es subjetivo. Lo que es tolerable para una persona es insufrible para otra. Por otra parte, son muchos los mitos que existen acerca del valor del sufrimiento y los principios puritanos que han guiado durante siglos a las sociedades occidentales en general y a la Medicina en particular.

Recordemos brevemente la reacción negativa que se produjo como consecuencia del descubrimiento del poder anestésico del óxido nitroso, o «gas de la risa», por el químico inglés Humphry Davy, quien lo inhaló en un momento de desesperación para aliviar un insoportable dolor de muelas en 1799. Este triunfo humanitario que originó la anestesia e impulsó el preludio de la cirugía no fue, en absoluto, bienvenido por los líderes sociales convencidos de que eludir el dolor no era aconsejable.

Hoy todavía es bastante popular la noción de que el dolor es un ingrediente necesario para el desarrollo de un carácter sólido en la persona. También abunda la creencia de que los recién nacidos o los bebés no sienten dolor. Precisamente, en julio de 2008, la prestigiosa revista médica *JAMA* publicó un estudio que demuestra que en los hospitales de la región de París, de las 42.413 intervenciones dolorosas realizadas en criaturas entre 6 y 10 meses, el 79,2 por ciento fueron efectuadas sin anestesia.[21] Otro tanto sucede con la suposición de que las personas de edad avanzada gozan de una alta tolerancia al dolor. Incluso hay médicos que alegan que el dolor es necesario para el proceso de curación, y no son pocos los convencidos de que el uso de narcóticos después de una intervención quirúrgica produce drogadicción.

Por cierto, en marzo de 2008, pacientes ingresados en los servicios de Medicina y Cirugía del Hospital Bellevue fueron encuestados sobre la eficacia del tratamiento que estaban recibiendo para aliviar el dolor. De los 130 pacientes que participaron, 35 se quejaron de que el tratamiento era inadecuado. Seguidamente, se obtuvo la opinión de los médicos que los cuidaban. Según los facultativos parcos en calmantes doce de los pacientes insatisfechos eran adictos o abusaban de los estupefacientes. Sin embargo, un análisis riguroso de las historias de estos enfermos reveló que solamente uno de los doce pacientes tenía un problema de drogas.

Conscientes del problema, las autoridades sanitarias de algunos países, incluyendo Estados Unidos, han recomendado oficialmente a los médicos que evalúen el dolor de todos los pacientes y proporcionen enérgicamente fármacos para prevenirlo o calmarlo con el fin de disminuir el sufrimiento y acelerar su recuperación.

La conclusión de la angustiante historia de Luna es reconfortante y esperanzadora. La admirable persistencia de Va-

21. Ricardo Carbajal y otros, «Epidemiology and Treatment of Painful Procedures in Neonates», *JAMA*, 300 (2008), pp. 60-70.

lentín y su acertada decisión de implicar a la familia contribuyeron a que todos, por primera vez, vislumbraran la luz al final del túnel y, en particular, a mentalizar a la joven de la precariedad de su existencia y de la necesidad imperiosa de ingresar en un centro de rehabilitación.

Capítulo nueve

Lisa: mujer de 40 años con un trastorno de ansiedad y una doble operación de trasplante de corazón y pulmones

Valentín

El caso de Lisa, una mujer venezolana de 40 años que emigró a Estados Unidos con su marido al poco tiempo de casarse, es dramático. Lisa acudió a mi consulta porque su médico de cabecera le había detectado un soplo cardíaco al hacerle un examen rutinario y le había aconsejado que acudiera a un especialista para descartar que se tratara de una enfermedad del corazón de nacimiento.

Su esposo trabajaba como profesor de español en un instituto del barrio neoyorquino de Queens y el matrimonio vivía en una casa situada cerca de la escuela. Al nacer su hijo ella dejó de trabajar para cuidarlo. En los últimos meses se cansaba y se ahogaba cuando jugaba con el pequeño o hacía tareas cotidianas como ir al supermercado o limpiar.

La exploré y, efectivamente, las sospechas de su médico de cabecera eran fundadas. Lisa padecía una doble enfermedad cardíaca. Tenía un agujero que comunicaba dos cámaras del corazón o aurículas (en lenguaje médico, comunicación interauricular) y, además, padecía la falta de coagulación de una válvula cardíaca (insuficiencia vitral). Estas dolencias no sólo afectan al corazón sino que en conjunto y con el tiempo también pueden afectar a los pulmones, que se congestionan. Los pacientes que padecen esta doble enfermedad pueden tener que ser operados de jóvenes. De lo contrario, el corazón y los pulmones se deterioran y las posibilidades de salvación son nulas.

Le expliqué a Lisa los riesgos de su doble enfermedad y le avancé que era necesario operar lo antes posible. Para evaluar su estado y los riesgos de la operación tenía que practicarle una pequeña intervención previa con catéteres en el corazón.[22]

La mujer no sólo se negó de pleno a ser operada sino que tampoco me permitió que le practicara el examen previo. Empezó a mostrar síntomas de ansiedad en mi consulta, un estado que no le permitía ver con objetividad los riesgos que asumía si se negaba a ser operada en los próximos meses. Le pregunté si había sufrido ansiedad en otros momentos de su vida y me contestó que siempre, incluso en su infancia, había sido una persona angustiada y que, de hecho, sus padres también lo eran.

Cuando Lisa salió de mi consulta, me quedé muy preocupado. Sabía que el tiempo jugaba en contra nuestra y si no conseguía convencerla de la importancia de la operación, moriría. Llegaría un día, no muy lejano, en el que esta mujer, joven y madre de un niño pequeño, ya no sería operable porque el pulmón desarrollaría una enfermedad fibrosa irreversible.

Sus problemas cardiorrespiratorios fueron a más, pero también su ansiedad. Sufría insomnio, una gran irritabilidad, tensión muscular y falta de concentración. Una y otra vez le pedí por teléfono que viniera a mi consulta y dejara que la examinara, pero nunca logré convencerla.

22. Una evaluación de las presiones cardíacas y pulmonares mediante la introducción de un catéter (tubo fino) desde la pierna o el brazo.

Tuvieron que pasar tres años para que Lisa regresara a mi consulta. Su estado había empeorado hasta el punto de que prácticamente ya no podía andar. En esta ocasión se dejó practicar el examen previo a la operación aunque el estudio demostró que ya no había esperanza de salvar sus pulmones. Habíamos llegado demasiado tarde.

Sus órganos no se podían rescatar, pero aún había una posibilidad de salvar su vida mediante una doble operación de trasplante de corazón y pulmones. Se trataba de una operación con un alto riesgo de muerte, hasta el punto de que en la actualidad ya no practicamos esos dobles trasplantes. Lisa ya sólo tenía dos opciones: no hacer nada y aceptar que se iba a morir o arriesgarse e intentar salvar su vida. Como había ocurrido unos años atrás, la mujer tuvo un ataque de ansiedad y volvió a rechazar la posibilidad de operación. Le dimos unos medicamentos que la ayudarían a sentirse mejor y se fue de la consulta. Estaba abocada al desastre.

Seis meses más tarde empezó a necesitar oxígeno, día y noche. Una tarde la trajeron al hospital al borde de la muerte. Una vez más, me vi obligado a recordarle que su situación era extremadamente crítica y que cada vez nos quedaba menos tiempo para actuar. En esta ocasión, Lisa no rechazó de pleno la posibilidad de una operación de doble trasplante porque estaba desesperada. Me pidió que le diera unos días para meditar. Mientras tanto —era una carrera contrarreloj y no podíamos perder ni un solo minuto— iniciamos los estudios para el trasplante; uno de ellos era una evaluación psicológica de la estabilidad emocional del paciente, ya que se requiere que tenga la suficiente fuerza emocional y determinación para cumplir con un estricto protocolo de medicación el resto de su vida. Una persona con tendencia a la ansiedad, como era el caso de Lisa, suele reaccionar mal ante los retos de esta nueva vida, pero decidimos que era una chica joven con un futuro por delante y que estábamos dispuestos a asumir el riesgo. La pregunta del millón era: ¿Lo estaría ella?

Sí lo estaba. Entendió que si no se operaba, moriría. Tuvo mucha suerte porque quince días más tarde recibimos el corazón y los pulmones de un donante de otro estado del país y el trasplante fue un gran éxito. Un mes después, Lisa ya hacía una vida prácticamente normal. Su mejora fue muy impresionante y todos los chequeos rutinarios que le practicamos demostraron que su cuerpo toleraba sin problemas los dos órganos trasplantados.

Por este motivo, me pilló totalmente desprevenido cuando una mañana se presentó en mi consulta sin cita previa y con síntomas de gran ansiedad. Me comentó que no podía respirar y que su corazón iba a dejar de latir porque era incompatible y estaba sintiendo rechazo. Todos los exámenes que le practicamos demostraron que sus temores no tenían una causa objetiva. Su marido nos dio la clave para entender la situación. Por lo visto, el hijo de ambos, que había aprobado el examen de conducir unos meses antes, se había comprado uno de los coches más potentes y veloces del mercado y Lisa estaba convencida de que se iba a matar en un accidente de automóvil. Estaba totalmente obsesionada con esa idea.

Decidí mandarla a una psicóloga y aceptó. Le recomendé una psicóloga chilena que habla español, ya que Lisa no se desenvolvía lo suficientemente bien en inglés como para recibir terapia en ese idioma. Para mi sorpresa, el problema fue otro. La psicóloga decidió que la ansiedad de Lisa se reduciría con psicoterapia y con dos medicamentos, y llamó a un psiquiatra neoyorquino con quien solía trabajar en esos casos (los psicólogos, al no ser médicos, no pueden prescribir ciertos fármacos). El psiquiatra envió a Lisa la receta, y nada más recibirla, reaccionó con un ataque de pánico y se presentó muy angustiada en mi consulta con la receta en la mano. Al ver la receta del médico desconocido, Lisa pensó que éste la quería matar. «¿Cómo podía saber un médico que nunca la había examinado que los medicamentos que le recetaba no eran incompatibles con el trasplante?», se preguntó (y debo decir que es una pregunta razonable).

Si bien, como explico, la psicóloga comenzó con mal pie, con el tiempo consiguió ganarse la confianza de Lisa y la pudo ayudar a controlar su ansiedad. De hecho, vi a Lisa recientemente y me comentó que está aprendiendo a aceptar los riesgos de la vida y que toma medicación para la ansiedad.

Vivir es arriesgar. Y es un deporte que vale la pena.

Luis

Como ha indicado Valentín, la historia de Lisa es realmente dramática, y yo diría que no menos ilustrativa de la íntima relación que existe entre el cuerpo y la mente. Aunque es normal que muchas personas que van a someterse a una intervención quirúrgica titubeen y sientan miedo a las puertas del quirófano, quienes dependen de un trasplante de corazón y pulmones para sobrevivir siempre se enfrentan a un trance profundamente angustioso. Por una parte, la espera indefinida a que les llegue su turno y aparezcan en algún lugar los órganos vitales compatibles suele convertirse en un túnel tan desesperante como cruel. Por otra, son muy pocos los afortunados que una vez que se salvan gracias a los órganos donados por alguna víctima de muerte prematura, se libran de sufrir ansiedad o depresión postoperatoria. En el caso de Lisa, que ya padecía desde pequeña un trastorno de ansiedad con ataques de pánico, era razonable vaticinar que su lucha por prolongar su vida sería arriesgada y espinosa.

Sobre el miedo y la ansiedad

Para entender la ansiedad, ayuda reflexionar previamente sobre el miedo. Aunque las causas de la ansiedad y el miedo sean diferentes, los síntomas físicos y emocionales de ambos son similares. El miedo es un reflejo emocional primario, una reacción instintiva de alerta y zozobra provocada por la presencia de un peligro. La capacidad para sentir miedo la llevamos incrustada en nuestros genes, forma parte del instinto de conservación. Gracias a esta alarma natural adquirimos consciencia de las circunstancias, los individuos o los males que pueden dañarnos o incluso borrarnos del mapa, lo que nos impulsa a tomar medidas para evitarlos o protegernos. Cuando nos invade el terror, el sistema reproductor, el aparato digestivo y muchas actividades normales del cuerpo se paralizan, mientras que el cerebro moviliza las funciones ejecutivas mentales y pone en marcha los mecanismos biológicos de emergencia encargados de hacer frente a las amenazas. En situaciones en las que, además de atemorizados, nos sentimos indefensos ante el peligro, nos acomete el pánico.

Desde la infancia, el miedo moldea nuestra personalidad y nuestra existencia. Tememos las enfermedades, los accidentes fortuitos, los azotes incontrolables de la naturaleza, las agresiones de nuestros semejantes, los fracasos o la muerte en cualquiera de sus formas. Pero también es cierto que los esfuerzos que hacemos desde pequeños para enfrentarnos, analizar y superar las situaciones inquietantes nos ayudan a conocernos mejor y a desarrollar y practicar muchos de nuestros potenciales físicos y mentales.

A diferencia del miedo que experimentamos ante un riesgo objetivo, la ansiedad no tiene base real. La ansiedad es un estado de ánimo que aflige únicamente a las personas. La razón es que, en nuestra especie, el papel del miedo ha evolucionado y se ha expandido más allá de su misión fundamental en el reino animal de avisar de los peligros. Como resultado, los seres humanos nos amedrentamos cuando recordamos o revivimos inseguridades pasadas o nos imaginamos calamidades futuras. Nos estremecemos por las amenazas hipotéticas a nuestra integridad física o psicológica, y también nos alarmamos por los sucesos imaginarios que puedan dañar a nuestros seres queridos o incluso a desconocidos.

Creo que es conveniente distinguir los sentimientos normales de temor, preocupación o nerviosismo del trastorno de ansiedad. Todos experimentamos esos sentimientos en momentos de nuestra vida, como antes de realizar un examen importante, durante un viaje tormentoso en avión, en una cita con alguien que nos intimida o en situaciones difíciles o inciertas que no controlamos. Incluso cuando en determinadas circunstancias nos acosan temores irracionales pasajeros, aprendemos a convivir con ellos o empleamos pequeños trucos para superarlos. Por ejemplo, un individuo que tiene miedo a hablar en público puede sentirse mejor si antes de la conferencia inspecciona la sala donde va a hablar y se familiariza con el local, o durante el discurso fija la mirada en dos o tres personas del público cuyas expresiones le resultan agradables; el viajero con aprensión a volar se puede sentir más seguro si lo hace con un calmante o ansiolítico en el bolsillo, aunque rara vez llegue a tomárselo.

Sin embargo, las personas que padecen un trastorno de ansiedad tienen perturbada la capacidad normal de adaptación y viven continuamente con niveles desmesurados de angustia y temor que no corresponden a la peligrosidad real de las circunstancias. La ansiedad y el miedo excesivos y prolongados alteran el sistema hipotalámico-hipofisario-suprarrenal, encargado de regular nuestro equilibrio vital. Como ya hemos mencionado en la introducción, este sistema se compone del hipotálamo, o el centro cerebral que regula las emociones y otros factores vitales como la temperatura del cuerpo y el apetito, y la hipófisis, o glándula encargada de estimular las glándulas suprarrenales, cuyas hormonas controlan nuestra capacidad de responder ante situaciones peligrosas.

Antes de emitir el diagnóstico de ansiedad es importante descartar ciertos trastornos físicos que pueden manifestarse con síntomas muy parecidos a los de la ansiedad, como, por ejemplo, los problemas de tiroides, la hipoglucemia o la disminución de la cantidad de glucosa en la sangre, el vértigo debido a daños del nervio vestibular en el oído, las patologías de las glándulas suprarrenales, la abstinencia de ciertos ansiolíticos o de alcohol y, como ha ilustrado Valentín, algunas alteraciones del corazón como las arritmias, la insuficiencia coronaria o el prolapso de la válvula mitral. Por esta razón, siempre es aconsejable tener en cuenta y excluir estas posibilidades cuando psiquiatras y psicólogos visitan a pacientes con signos de ansiedad.

Los síntomas del trastorno de ansiedad grave dañan nuestra aptitud para evaluar racionalmente la realidad e interfieren en las relaciones con los demás, las ocupaciones, y la capacidad para disfrutar de las actividades de ocio. La ansiedad patológica se manifiesta de varias formas. Unas veces tiene un carácter generalizado. Las personas que sufren ansiedad generalizada se preocupan continuamente por asuntos triviales, son irritables y casi siempre presagian lo peor. Físicamente están siempre tensas, vigilantes, cansadas y, al mismo tiempo, no pueden conciliar el sueño. A menudo se quejan de dolores de cabeza, palpitaciones, mareos, sudoración y problemas gastrointestinales. Otras veces, la ansiedad se presenta en forma de fobia o temor ilógico a animales, objetos o ambientes específicos (por ejemplo, a los ratones, a las arañas, a la oscuridad, a las alturas, a lugares cerrados, a espacios abiertos o a las aglomeraciones). Hay afligidos que sufren hipocondría y viven permanentemente angustiados, convencidos de que la menor molestia o indisposición pasajera, como un resfriado o un leve mareo, representan el principio irremediable de una enfermedad grave o incluso mortal. Los hay también que canalizan la ansiedad a través de trastornos obsesivo-compulsivos. Estos desafortunados se sienten inmovilizados y abrumados por ideas o impulsos irracionales que asaltan su mente o por comportamientos absurdos incontrolables que se ven obligados a realizan repetidamente, como lavarse las manos durante horas.

Sin duda, la ansiedad persistente o el estado continuado de alarma y temor nos transforma en personajes asustadizos y suspicaces, consume nuestra confianza y nos encierra en un mundo amenazador y opresivo. En definitiva, nos roba la felicidad.

Pánico a la idea de morir

Entre los ansiosos más infelices —y éste es el caso de Lisa— destacan los afligidos por el pánico a morir. Y es que cada vez que les invade el pavor están convencidos de que su final es inminente. El miedo a morir que acompaña a estos ataques inesperados se traduce en angustia, agitación nerviosa, palpitaciones, respiración difícil o acelerada, sensación de ahogo, sudoración y rigidez muscular.

El terror obsesivo a fallecer que atormentaba a Lisa, además de ser un componente del trastorno de ansiedad que ya sufría desde la infancia, tenía una base tangible en una enfermedad de corazón y pulmones que ponía en peligro su vida. El hecho de que Lisa padeciese a la vez una grave dolencia cardiopulmonar y un trastorno de ansiedad crónico con ataques de pánico planteaba un gran reto a los médicos encargados de su tratamiento. No sólo las manifestaciones externas más aparatosas de ambas enfermedades se parecen y pueden dar lugar a confusión, sino que además se complican y complementan mutuamente. Así, mientras los síntomas de un corazón ineficaz agravan la angustia y la agitación del paciente, la ansiedad supone una carga adicional para el funcionamiento de un corazón ya debilitado.

Los afligidos por ataques de pánico suelen ser individuos supersticiosos y proclives a alimentar creencias fantasiosas. Su profunda inseguridad se refleja en desconfianza y suspicacia hacia las intenciones de los demás, incluidos los médicos. Creo que estos rasgos de la personalidad explican la reticencia de Lisa a acceder a la operación de corazón menor cuando ésta todavía hubiera podido evitar la destrucción de sus pulmones y el rechazo a seguir los consejos de Valentín pese a su firme advertencia de que si no se operaba, moriría. No obstante, como en tantas víctimas de ansiedad, la resistencia de Lisa a acceder al tratamiento se alimentaba principalmente del terror paralizante y cerval a la muerte.

Sospecho que Lisa dejó de cerrarse en banda a las propuestas de intervenciones salvadoras cuando le vio las orejas al lobo. Al final, su concienciación del grave peligro que corría su vida y la persistencia e interés genuino de Valentín ganaron la primera batalla.

Sin embargo, la angustia no tardó mucho en volver a dispararse. En esta ocasión, el detonante fue el terror a la muerte accidental de su único hijo después de que éste se pusiera al volante de su nuevo y potente coche. En estas circunstancias, creo que fue una decisión acertada recomendarle que se pusiera en manos de una psicóloga que la ayudara, en su lengua materna, a controlar su estado casi permanente de pánico. En la actualidad existen tratamientos eficaces para los trastornos de ansiedad, como los fármacos ansiolíticos, terapias conductuales centradas en ejercicios respiratorios con el fin de evitar la hiperventilación, prácticas que reducen la hipersensibilidad a los estímulos mediante la relajación y la meditación, y terapias cognitivas dirigidas a hacer más benignas y realistas las interpretaciones catastrofistas de los síntomas físicos y emocionales de la misma ansiedad. No obstante, pese a la eficacia de estos remedios, algunos enfermos soportan niveles de angustia agotadores durante gran parte de su vida.

Me temo que cuando la psicóloga decidió actuar de intermediaria para gestionar la prescripción del psiquiatra no calibró la desconfianza de Lisa ni la fragilidad de su relación con ella. En la mente suspicaz de Lisa, la receta indescifrable del psiquiatra desconocido se convirtió en un veneno homicida, creencia que precipitó su visita desesperada a la consulta de Valentín en medio de un espectacular acceso de pánico revuelto en ideas persecutorias.

Aunque es difícil prever con certeza cómo evolucionará la salud física y emocional de Lisa, este último acontecimiento no es reconfortante. Ciertas intervenciones quirúrgicas mayores —el trasplante de órganos es una de ellas— requieren atención y cuidados continuados durante el resto de la vida del operado. Por lo tanto, tiene sentido que el pronóstico sea más favorable en pacientes emocionalmente estables, motivados y disciplinados en el seguimiento del tratamiento, y mejor si son personas de carácter enérgico y optimista que gozan del apoyo afectivo de familiares o amigos.

Datos esperanzadores son su colaboración con la psicóloga y el fuerte vínculo de confianza que une a esta paciente con Valentín, a quien además de conferir infinita sabiduría, invistió de poderes milagrosos. En el terreno de las enfermedades, desde el amanecer de la humanidad se ha evidenciado espectacularmente el poder de la fe para mover montañas.

Capítulo diez

Isabel: mujer de 49 años con hipertensión arterial tratada con tres medicamentos

Valentín

Isabel es mi paciente desde que su esposo, al que traté durante años y con quien me unía una estrecha relación de amistad, falleció hace seis años víctima de un cáncer de páncreas. Isabel tiene 49 años y un problema de hipertensión arterial[23] que ha ido en aumento y que la obliga en la actualidad a tomar tres medicamentos distintos.

A lo largo de los años he sido testigo de las alegrías y tragedias de esta familia. Isabel se casó con su marido (doce años mayor que ella y con un divorcio a sus espaldas) con tan sólo 19 años y un año más tarde nacía el primer hijo de la pareja. Cinco años después tuvieron a su segundo hijo. El marido era un hombre carismático y muy emprendedor que levantó de la nada una importante fábrica de muebles de Nueva York, que en la actualidad exporta a otros países del mundo. Al morir él, Isabel, que no tenía estudios superiores ni experiencia laboral,

23. Presión arterial excesiva. Los valores normales de presión arterial sistólica (registrada cuando el corazón late) se sitúan por debajo de 130 mmHg y la presión diastólica (registrada cuando el corazón descansa entre latidos) por debajo de 85 mmHg.

asumió las riendas del negocio y se puso al mando de un equipo humano integrado por más de trescientos trabajadores. Su hijo mayor estudió Dirección y Administración de Empresas en una universidad de California y lo último que yo sabía es que desde hacía dos años trabajaba con su madre en el negocio familiar.

Los problemas de hipertensión arterial de Isabel coincidieron con la muerte de su marido y con su decisión de responsabilizarse de la empresa que él había levantado.[24] En los últimos seis años, su hipertensión había aumentado progresivamente, y en los últimos meses yo estaba muy preocupado porque a pesar de que la estaba tratando con tres medicamentos distintos,[25] no había podido controlar la situación. Mi paciente me había comentado en más de una ocasión que dirigir la empresa era «duro», y yo intuía que las tensiones laborales estaban haciendo mella en su salud. Sin embargo, necesité una visita de su hijo mayor para tener una visión más completa de lo que estaba pasando.

Su hijo, que entonces tenía 29 años, me vino a ver porque estaba preocupado por el estado de ansiedad de su madre y pensó que era importante que yo tuviera toda la información en mis manos y hablara con ella. Me comentó que, para su madre, dirigir la empresa ya no era «duro» sino imposible, porque los cargos directivos de la compañía cuestionaban constantemente su autoridad y estaban en desacuerdo con muchas

24. No conocemos la causa de la hipertensión arterial pero sí algunos factores que la propician: comidas con exceso de sal, una cierta predisposición genética, enfermedades renales y el estrés.

25. La hipertensión arterial se controla con medicamentos que deben ser administrados exclusivamente por un médico y que son distintos para cada paciente. El tratamiento no se puede abandonar cuando la presión arterial se estabiliza y los pacientes deben seguir el tratamiento de por vida.

de las decisiones que ella tomaba a diario. Aunque éstos no eran los únicos que no parecían adaptarse a su forma de dirigir el negocio. Él también tenía una visión empresarial completamente distinta, y en los dos años que habían trabajado juntos sus discusiones habían subido de tono, hasta el punto de que unas semanas antes él había decidido dejar la empresa y buscar un trabajo al margen de su familia. Había llegado a la conclusión de que él y su madre pertenecían a dos generaciones distintas y que nunca se pondrían de acuerdo. La madre se había negado a aceptar esta decisión y estaba muy ofendida y alterada.

Isabel tenía otra fuente de preocupación: su hijo de 24 años. El joven se había casado con una aspirante a cantante a la que había conocido en un viaje a Italia, habían tenido un hijo y se habían separado. Tras el divorcio, él había decidido viajar y explorar otros países, y se había ido a la India. Ni él ni su ex esposa trabajaban, e Isabel no sólo los mantenía sino que también cuidaba a su nieto, que vivía con ella y recibía visitas periódicas de la madre, su ex nuera.

La visita del hijo mayor de Isabel me abrió los ojos. El estrés es una de las causas de hipertensión arterial y mi paciente sufría estrés laboral y doméstico. La llamé y le dije que su hijo mayor me había venido a ver porque estaba preocupado por ella y me había contado los conflictos familiares y empresariales más recientes. Le expliqué que los tres medicamentos que yo le había recetado no serían suficientes para controlar su hipertensión si no trataba su estrés primero. Se mostró muy receptiva.

Ser uno mismo

Isabel vino a mi consulta y me hizo una pregunta muy directa: «¿A ti qué filosofía te mueve?» Le contesté que en esta vida es muy importante ser uno mismo. No podemos actuar en función de la opinión de los demás, aunque «los demás» sean nuestros seres más queridos, como nuestros padres, nuestro cónyuge o nuestros hijos. No podemos tomar decisiones que afectarán nuestro futuro familiar o profesional para contentar o no decepcionar a alguien o por el «qué pensarán» los demás. La calidad de vida depende de quién eres tú, no de lo que crees que la sociedad espera de ti. Y esta filosofía no debe confundirse con el egoísmo o con la desconsideración porque sólo a partir de la plataforma de «ser uno mismo» y de estar contento con lo que somos tendremos la fuerza y estabilidad suficiente como para relacionarnos y ayudar a los demás.

Isabel tenía que ordenar su vida y ser ella misma. En ese momento, era muchas cosas, pero no era ella misma. Era una empresaria preocupada por la opinión que los trabajadores tenían de ella y superada por la situación; una madre frustrada porque su hijo mayor quería vivir su propia vida y esto incluía no trabajar en el negocio que su padre había levantado con tanto esfuerzo; una madre demasiado complaciente con un hijo irresponsable que se aprovechaba de ella y hacía turismo por la India, y una abuela chantajeada por los padres del pequeño, que sabían que el amor al nieto haría que tragase con una situación que era intolerable. Todos tenemos nuestras limitaciones y es muy sano ser conscientes de ellas y saber frenar a tiempo. En mi opinión, Isabel sería mucho más feliz si delegase mayor responsabilidad en los directivos de su empresa y pasase a un segundo plano, aceptara que su hijo mayor tenía que volar por su cuenta y anunciara a su segundo hijo que no pensaba dejarse utilizar más.

A lo largo de mi explicación, Isabel no me hizo ningún comentario; me miraba atentamente. Noté que algo había cambiado; era como si se le hubieran abierto los ojos. Cuando se fue de mi consulta, me prometió que me llamaría al cabo de unos días. Y así lo hizo. Me dijo que había reflexionado sobre todo lo que habíamos hablado y que había decidido seguir mis consejos y cambiar el rumbo de su vida. No me avanzó por teléfono qué cambios quería hacer pero, curiosamente, percatarse de que tenía un problema de estrés que resolver y tomar la decisión de cambiar tuvieron un impacto positivo inmediato en su salud. Como todos mis pacientes hipertensos, Isabel tiene un aparato en casa y se mide la presión a diario. Y el día que tomó la decisión de asumir las riendas de su vida y me llamó, se había relajado tanto que su presión arterial bajó como si hubiera tomado un medicamento milagroso.

Cruce de caminos

Isabel se enfrentaba a distintas encrucijadas muy típicas a su edad. Con tan sólo 49 años había experimentado la pérdida de su marido. Como consecuencia de la muerte de su esposo, había pasado de ser ama de casa a ser empresaria. Tenía un conflicto generacional con su hijo mayor y una relación problemática con el pequeño. Y también era una abuela joven que había asumido el rol de madre y cuidadora.

La visión parcial de los médicos

Los médicos que tratamos los problemas físicos de nuestros pacientes tendemos a concentrarnos en la dolencia concreta y no solemos prestar suficiente atención al entorno. Y éste es un caso muy ilustrativo. Durante años luché por controlar la hipertensión arterial de Isabel con los mejores medicamentos disponibles, sin saber que su hijo mayor tenía la clave del problema.

Muchos de los casos que hemos compartido con vosotros, queridos lectores, demuestran que a veces no es suficiente tomar la presión arterial o hacer un electrocardiograma. Una persona cercana al paciente nos puede dar la pista que nos ayude a resolver el misterio que nos quita el sueño. Para mí, era incomprensible que Isabel no experimentara ninguna mejora pese a la fuerte medicación que le estaba recetando y las pruebas más sofisticadas que le había practicado en el hospital no me habían dado la solución al problema. Una conversación con alguien que conocía muy bien la situación familiar y laboral de mi paciente, su hijo, fue más útil que los últimos avances tecnológicos.

Es importante confiar en la tecnología médica y estudiar con cuidado el electrocardiograma, la radiografía u otras pruebas practicadas, pero también lo es tener una visión más completa —humanista— de la profesión médica. Los avances científicos y tecnológicos de los últimos años son impresionantes y esperanzadores (gracias a ellos podemos curar enfermedades que se consideraban irreversibles), pero hay un espacio —humano— que los médicos tendremos que seguir cubriendo con la palabra, la intuición y el contacto con nuestros pacientes y sus seres más queridos.

Los psiquiatras como Luis entendieron hace mucho tiempo que sus pacientes no son ajenos a su entorno y suelen hablar con sus familiares más directos para tener una visión más global y completa de la situación. Los profesionales de las demás ramas de la Medicina tenemos que aprender de ellos.

Luis

Es saludable ser uno mismo. Sin embargo, es imposible serlo todo a la perfección: empresaria, madre, abuela... Cuanto más exigentes o menos realistas sean nuestras metas, más probabilidades tendremos de sentirnos defraudados. Un problema bastante frecuente que mina nuestra satisfacción con la vida son esas exigencias no realistas que nos marcamos a nosotros mismos y que se traducen en el «debería». Este tiempo verbal manifiesta su faceta dañina cuando la persona piensa que está absolutamente obligada a ser, sentir o comportarse de una forma ideal que, en realidad, es incompatible con su carácter o es, incluso, humanamente imposible.

Isabel estaba atrapada en un papel imaginario idealizado que no podía desempeñar. En consecuencia, en su fuero interno se sentía inadecuada, no daba la talla. Desmoralizada, desorientada y sola, luchaba desesperadamente por sacar adelante la empresa familiar, a su nieto, a sus hijos y a su ex nuera, y no se paraba a pensar en la inviabilidad de su empeño.

Siempre es recomendable evaluar el significado que damos a las diversas facetas de nuestra identidad. Precisamente, en la práctica de la psicología y la psiquiatría es muy común tratar de aliviar la angustia y desmoralización que siente el paciente ayudándole a acortar la distancia entre los aspectos reales y sensatos y los aspectos idealizados de su persona. En la sutil frontera entre realidades y fantasías se encuentran las verdaderas posibilidades de satisfacción con la vida. Y son las metas posibles y alcanzables las que más nos gratifican.

Trabajo y estrés

El mejor trabajo es aquel que nos estimula, nos plantea un desafío superable y utiliza al máximo nuestras aptitudes intelectuales o físicas. Especialmente afortunados son quienes logran combinar su trabajo con su afición, se sienten absortos e inmersos y casi no se dan cuenta del paso del tiempo. Aquellos que pueden decir de verdad lo de «me pagan por hacer lo que me gusta» o «mi trabajo me llena tanto que lo haría aunque no me remunerasen».

La mayor participación de las madres en el mundo laboral no sólo ha aumentado progresivamente su independencia económica, sino que ha fomentado en ellas un sentido más amplio de identidad y de participación en la sociedad. Para muchas mujeres, el trabajo supone, además, un escape temporal reconfortante de las labores domésticas. Las relaciones cordiales y generosas en el entorno del trabajo, sean con colegas o con clientes, constituyen una fuente muy rica de satisfacción. No obstante, el medio laboral también tiene el potencial de convertirse en terreno abonado para la ansiedad, el estrés y las tensiones entre las personas.

No pocas madres que trabajan fuera del hogar se enfrentan a la dureza de un ambiente dominado por la rivalidad, la competitividad y la devaluación de la mujer como líder. Esta situación supone a menudo una enorme fuente de estrés y plantea a cualquier mujer un dilema muy difícil, especialmente si, como es el caso de Isabel, no cuenta con el apoyo de un marido o un compañero.

En realidad, un cierto grado de estrés es inevitable en el trabajo, y si éste es de intensidad benigna, puede ser incluso saludable. Sin embargo, el estrés excesivo y continuado es perjudicial. Las causas del estrés nocivo en el trabajo son muy variadas. Incluyen, por ejemplo, el desequilibrio entre las exigencias del trabajo y nuestras capacidades, la falta de control sobre las decisiones que afectan a nuestro rendimiento, la ausencia de estímulos o de oportunidades para el desarrollo personal, la conciencia de incertidumbre o inseguridad laboral, y las relaciones conflictivas y hostiles con compañeros o superiores. Isabel se enfrentaba a todas estas fuentes de estrés laboral.

Otro factor que contribuía al estrés de Isabel era el hecho

de que se trataba de una empresa familiar. La mezcla de los vínculos afectivos familiares con el ánimo de lucro propio de un negocio provocan tensiones que repercuten tanto en el equilibrio de la familia como en la estabilidad de la empresa. Es normal que Isabel, como heredera, quisiera mantener o superar los aspectos positivos de la empresa que creó y dirigió su marido. El cariño y el espíritu de armonía de los empleados son ciertamente cualidades muy deseables para cualquier líder de empresa.

Isabel no podía controlar la trayectoria vital y profesional de su hijo mayor, un chico ya adulto y, por lo que parece, responsable. Tampoco controlaba los comportamientos inmaduros de su hijo menor. En cierta manera, se había convertido en cómplice de su pasividad o irresponsabilidad ante los retos normales de la vida.

La experiencia del «¡ajá!»

Isabel estaba estresada y sus conflictos familiares y laborales la angustiaban. Sin embargo, seguía con su día a día sin percatarse de la necesidad de cambiar de rumbo si quería mejorar su estado de ánimo y su salud. La llamada de Valentín le abrió los ojos. Una llamada fue suficiente para que la mujer ordenara una serie de ideas y entendiera, de golpe, algo que hasta ese momento no había podido identificar. Le ocurrió como a la persona que está haciendo un rompecabezas y en un momento ve con claridad cómo combinar las piezas para componer la figura que hasta entonces era un enigma.

En mi campo, a ese momento exclamativo y emocionante de revelación en el que encajan todas las piezas del rompecabezas y, de repente, todo tiene sentido, lo llamamos experiencia del «¡ajá!», ya que implica una mezcla de sorpresa, descubrimiento y resolución. Todos hemos vivido experiencias del «¡ajá!» cuando tenemos la solución de un problema al alcance y de repente caemos en la cuenta de la solución por nosotros mismos. A menudo, ese «¡ah, ahora lo entiendo!» se convierte en el pistoletazo de salida que anuncia el comienzo de una nueva forma de percibir un aspecto importante de nuestra vida y de actuar.

Los bebés se miran diariamente al espejo sin entender que la imagen proyectada es la de ellos. Cuando tienen 15 meses, un día ven su imagen reflejada en el espejo y se percatan de que son ellos, «¡ajá!». «¡Eureka!», dicen que exclamó Arquímedes al percatarse de que el nivel del agua subía cuando sumergía su cuerpo en la bañera. Necesitó la experiencia del «¡ajá!» para percatarse de un principio aparentemente simple. Todos sabemos que fumar provoca cáncer y enfermedades del corazón y del pulmón. Incluso las compañías tabacaleras lo anuncian en sus productos y por la televisión. Y sin embargo, millones de personas siguen fumando. Como dice el refrán popular, del dicho al hecho hay un trecho. En mi experiencia, el camino hasta el «¡ajá!» puede ser corto o largo, sencillo o complicado, agradable o frustrante.

En general, en Medicina no hay factor curativo más potente que la esperanza del enfermo y la fe en la persona del médico, en su competencia y en su genuino compromiso para sanarle. Valentín consiguió que Isabel confiara en él como cardiólogo, pero inmediatamente supo utilizar este valioso capital de confianza y seguridad para infundirle esperanza y persuadirla de los pasos que tendría que dar para mejorar.

Demasiados médicos subestiman el poder de persuasión que adquieren sobre el paciente que han curado o aliviado de una enfermedad del cuerpo y desaprovechan la oportunidad de influir positivamente en otras parcelas de su vida. También es cierto que muchos especialistas consideran que no es su responsabilidad tratar problemas que van más allá de la dolencia puntual que llevó al paciente a su consulta, o sencillamente no cuentan con el tiempo necesario para hacerlo aunque quisieran.

En mi gremio casi nunca gozamos del impresionante poder de persuasión del médico que puede decirle con convicción a su paciente «he salvado tu corazón» e inducirle sin más a cumplir a pies juntillas el tratamiento. Quizá la excepción sean pacientes que llegan a la consulta con una imagen idealizada del especialista, o esos hombres y mujeres altamente sugestionables o hipnotizables que te permiten dominar temporalmente su voluntad. A diferencia de muchas enfermedades físicas, los trastornos psiquiátricos de momento no se prestan a pruebas diagnósticas rápidas o de tecnología impactante, a interpretaciones precisas, o a intervenciones «milagrosas». Los síntomas de los trastornos mentales se suelen manifestar a través de ideas, emociones, percepciones o conductas cargadas de subjetividad, cubiertas de una densa capa de secreto y de tabú, y moldeadas por fuerzas biológicas, psicológicas y sociales intangibles.

Además, los psiquiatras atendemos con frecuencia a pacientes «involuntarios», enfermos reacios que no son conscientes de que padecen un trastorno mental, por lo que carecen de motivación o interés para colaborar en el tratamiento. No pocos han sufrido penosas decepciones o incluso malos tratos en sus relaciones con los demás y perciben el mundo como un medio hostil en el que no se puede bajar la guardia, en el que hay que estar siempre alerta y a la defensiva. Por eso, para ganarnos su confianza, primero tenemos que normalizar y afianzar una relación en la que las intenciones, la competencia y la fidelidad del profesional se ponen continuamente a prueba por parte de pacientes dubitativos y temerosos de ser dañados.

Otro matiz distintivo del tratamiento de problemas psicológicos es que el mejor resultado se consigue cuando logramos traspasar al paciente el poder de resolver su situación; es decir, que sea el paciente —y no el psiquiatra o el psicólogo— quien se sienta genuinamente responsable del éxito del tratamiento. Con esto no quiero decir que no sea saludable que el cliente reconozca que el especialista le ayudó con sus consejos y remedios, pero siempre que él se considere el protagonista principal de su cura o mejora y, en definitiva, el forjador de su propio destino.

Cuántas veces he propuesto a mis pacientes una explicación de algún problema, por activa y por pasiva, sin que respondan, y un día, tras semanas o meses de terapia, me miran asombrados y, como si hubieran tenido una revelación, me repiten como algo suyo, palabra por palabra, lo que les venía sugiriendo. En estas circunstancias es comprensible que la reacción natural del especialista sea echar de menos el reconocimiento por parte del paciente de su buena labor terapéutica y acertada aportación. Sin embargo, no hay intervención más eficaz y duradera en psicoterapia que cuando conseguimos que el paciente, inconscientemente, haga suya nuestra solución del problema que le aflige.

Los seres humanos tenemos una asombrosa capacidad para observarnos y analizarnos interiormente y captar los mensajes que nos mandan las personas que consideramos importantes, a menudo sin darnos cuenta. Gracias a esta habilidad podemos examinar nuestros pensamientos, emociones y conductas, encontrar explicaciones, reconocer nuestros errores y cambiar nuestras prioridades. Isabel tuvo la experiencia del «¡ajá!» porque estaba preparada para aceptar la solución que le propuso Valentín. Y como Arquímedes, descubrió la clave para solucionar el problema que la agobiaba, alimentaba su hipertensión y consumía la vitalidad que necesitaba para disfrutar de la vida.

figura 7

LA PRESIÓN SANGUÍNEA

Categoría	Presión arterial sistólica	Presión arterial diastólica
Presión arterial normal	**Inferior a 130 mmHg**	**Inferior a 85 mmHg**
Presión arterial alta normal	**130-139**	**85-89**
Hipertensión en estadio 1 (leve)	**140-159**	**90-99**
Hipertensión en estadio 2 (moderada)	**160-179**	**100-109**
Hipertensión en estadio 3 (grave)	**180-209**	**110-119**
Hipertensión en estadio 4 (muy grave)	**210 o superior**	**120 o superior**

Capítulo once

Samuel: hombre de 51 años con enfermedad cardíaca y depresión

Valentín

Samuel tenía 51 años cuando acudió a mi consulta por primera vez, por recomendación de su cardiólogo, un colega mío del Hospital de Yale, en New Haven, Connecticut.[26] Aunque vivía en New Haven, Samuel era el propietario de una sastrería en Manhattan y se desplazaba a diario en coche hasta Nueva York. Su esposa trabajaba en una empresa informática y eran padres de dos niños pequeños.

Samuel había convivido con una enfermedad cardíaca crónica desde joven. A los 25 años le habían diagnosticado una miocardiopatía hipertrófica obstructiva. Esta enfermedad es congénita y suele ser hereditaria. Las paredes musculares del corazón de estos enfermos son de un grosor superior al normal y este engrosamiento provoca la obstrucción del flujo de sangre. Esta enfermedad impide que el corazón descanse entre latidos. El enfermo sufre fatiga de pecho (el corazón tiene que trabajar más para superar la obstrucción y abrir las vál-

26. New Haven es una ciudad industrial situada en el estado de Connecticut y conocida por albergar la prestigiosa Universidad y Hospital Universitario de Yale.

vulas que permiten el paso de la sangre) y en algunos casos puede marearse al andar. Esta enfermedad tiene un aspecto terrible: la posibilidad de una muerte súbita.

Me llamó la atención que Samuel viniera a mi consulta buscando respuestas a su enfermedad al cumplir los 51 años, la misma edad que tenía su padre cuando murió repentinamente. Mi paciente me comentó que la pérdida de su padre, cuando él tenía 12 años, había marcado su infancia. No sabemos con seguridad si el padre, un inmigrante polaco que había huido del Holocausto, padecía miocardiopatía hipertrófica obstructiva. Su muerte inesperada y el hecho de que se trata de una enfermedad hereditaria parecen indicar que así era. Tampoco sabemos si otros familiares por línea paterna padecían la misma dolencia, ya que la mayoría murió joven en campos de exterminio nazis.

Al examinar a Samuel, hallé que la pared del músculo cardíaco que está en el centro del corazón y que se conoce como «tabique» estaba muy engrosada. Por desgracia se confirmaron mis temores: la anatomía de su corazón le predisponía a sufrir una muerte súbita.

Afortunadamente, pudimos limitar el riesgo de dos maneras. Por una parte, le receté unos medicamentos que dilatan el corazón. De esta forma, se contrae con menos fuerza, la sangre fluye mejor y el enfermo se fatiga menos. Por otra parte, le operamos y se le implantó un desfibrilador (un pequeño aparato que aplica descargas eléctricas para restablecer el ritmo cardíaco normal)[27] para evitar la posibilidad de una muerte repentina.

27. Es importante entender la diferencia entre un marcapasos y un desfibrilador, dos aparatos que se implantan en el corazón. El marcapasos normaliza el ritmo cardíaco cuando el paciente tiene un ritmo cardíaco lento. El desfibrilador aplica descargas eléctricas cuando el corazón se para después de haber latido de forma descompensada y caótica. El desfibrilador «resucita» al paciente.

figura 8

COLOCACIÓN Y FUNCIONAMIENTO DEL DESFIBRILADOR

En todos los aspectos, el procedimiento quirúrgico para el implante del desfibrilador cardioversor implantable (DCI) es muy similar al del implante del marcapasos cardíaco. El acceso venoso y el «bolsillo» para el generador de pulsos en la región subcutánea por encima de la fascia prepectoral o en la región submuscular por debajo del área medioclavicular son los mismos que los usados para el implante de un marcapasos.

Debido a las diversas funciones que puede desempeñar el DCI (cardioversor, desfibrilador y marcapasos), éste suele ser ligeramente mayor que un marcapasos. La superficie del DCI funciona como uno de los electrodos del sistema de desfibrilación.

Derivación con dos espirales de desfibrilación. La espiral distal se encuentra en el ventrículo derecho y la proximal, en la vena cava superior/aurícula derecha.

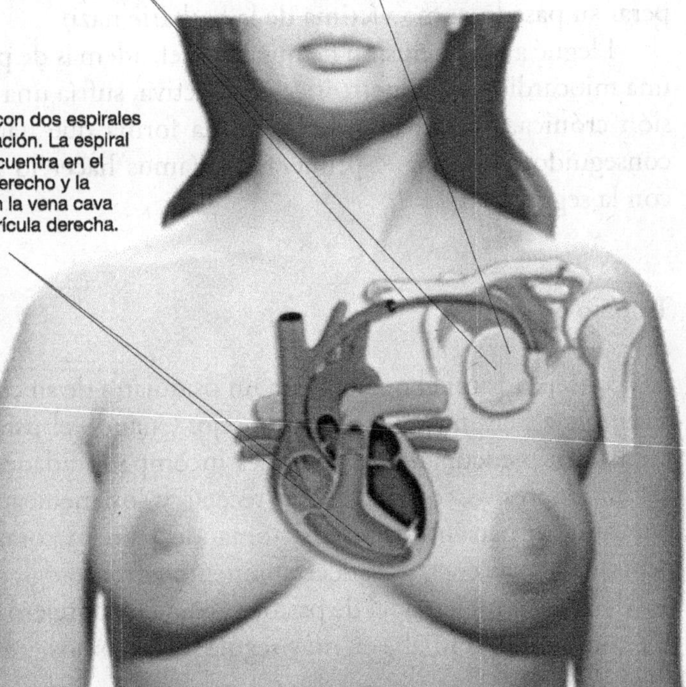

Samuel regresó a mi consulta dos meses después de la operación, acompañado de su esposa y de su madre, y en esta ocasión descubrí nuevos aspectos de su personalidad. Parecía triste y preocupado, y le pregunté a su esposa si este estado de ánimo se debía a la intervención quirúrgica o era anterior. Ella fue muy tajante. Me dijo que su marido siempre había sido un tipo callado, taciturno, negativo y poco entusiasta. Apenas hablaba y no parecía encontrar placer en la comida, en la lectura, en la música, en el teatro, en el cine o en la actividad física. De hecho, no había practicado deporte desde que siendo joven le habían diagnosticado la enfermedad cardíaca. Dormía poco. Tenía tendencia a verlo todo negativo. La madre me dio más detalles sobre el padre de mi paciente y me explicó que padre e hijo tenían una personalidad parecida (nunca sabremos si el padre estaba deprimido o no había podido superar su pasado como víctima de la barbarie nazi).

Llegué a la conclusión de que Samuel, además de padecer una miocardiopatía hipertrófica obstructiva, sufría una depresión crónica. Decidí que de la misma forma que habíamos conseguido controlar la primera, podíamos hacer lo mismo con la segunda.

Trabajo en equipo

Le aconsejé a Samuel que buscara un psiquiatra de su confianza en New Haven, y siguió mi consejo. Cuando el psiquiatra me llamó, preocupado por posibles incompatibilidades entre los antidepresivos que le quería recetar y los medicamentos que nuestro paciente ya estaba tomando para su corazón, le pedí que sólo se encargara del tratamiento farmacológico y que me dejara asumir el papel de psicoterapeuta o consejero. Yo sabía que Samuel confiaba en mí y seguía mis consejos, y esto me convertía en la persona idónea para ayudarlo a cambiar algunas pautas de comportamiento.

Como ya hemos comentado Luis y yo cada paciente deprimido es distinto. Unos necesitan psicoterapia, otros se benefician de la medicación, y algunos, como Samuel, requieren ambos tratamientos. También hemos sugerido que es probable que, en un futuro no muy lejano, la profesión psiquiátrica, tal como la entendemos ahora, desaparezca y contemos con psiconeurólogos, o expertos en el funcionamiento del cerebro y el tratamiento de los trastornos cerebrales, y otros profesionales (consejeros o psicoterapeutas) peritos en la resolución de conflictos de relaciones, perturbaciones del comportamiento, estrés postraumático o problemas existenciales.

Yo asumí el papel de consejero y dejé que el psiquiatra se encargara de la medicación.

Estimulación sensorial y actividad cerebral

Lo primero que hice fue transmitirle confianza: teníamos su enfermedad cardíaca bajo control y ya tenía que preocuparse menos. Decidí que era prioritario estimular sus sentidos (y su actividad cerebral) y me propuse conseguir que Samuel disfrutara de una buena comida, un concierto o una obra de teatro de vez en cuando. Mi hermano, que es investigador en el campo de la neuropsiquiatría y trabaja en la Universidad de California, en Los Ángeles, ha estudiado a fondo el centro cerebral frontal; él sostiene que en esa parte del cerebro tenemos «redes» y que si uno de los sistemas del cerebro falla, fallan los demás. Por este motivo no me sorprendió que Samuel me confesara que, además de estar deprimido, últimamente tenía problemas de falta de memoria. Cuando no tienes estímulos, y este hombre tenía muy pocos, y no practicas ejercicio, el sistema neuronal cae en picado. Era vital que estimulara su sistema de percepción y que experimentara sensaciones que hasta ese momento no conocía.

Tuve una conversación con su esposa (un prodigio de vitalidad, fuerza y optimismo) y le expliqué que ella era un miembro fundamental del equipo. Hasta ese momento, ella había aceptado que su marido fuese «así, tristón y callado». Resignada, se había centrado en su trabajo. A ella le asignábamos una tarea importante: convencer a su marido de la importancia de salir de vez en cuando para ir al teatro, a la ópera o al cine. Lo consiguió. Se compraron un abono para la ópera.

Solucionada la parte cultural (como veis, queridos lectores, me preocupa la agenda cultural de mis pacientes y a menudo estoy informado incluso de las óperas a las que asisten), me centré en la parte física y le recomendé que practicara ejercicio moderado. Mejoraría su estado físico, su vitalidad y su autoestima, a la vez que estimularía su cerebro. Le recomendé que se matriculara en un centro de recuperación de New Haven de mi total confianza. Dos meses más tarde, Samuel tenía todas las tardes ocupadas con encuentros con su esposa en la ópera o con citas con su entrenador físico para practicar deporte.

Y eso no fue todo. La medicación también resultó ser muy eficaz. Gracias a la ópera, a la actividad física y a los fármacos superó la depresión y se convirtió en una persona más extrovertida y feliz. Unos años más tarde, su esposa –eufórica— pidió hora en mi consulta, creo que con el único propósito de presentarme al nuevo Samuel. Sigue teniendo días de melancolía y tristeza, pero en general tiene una actitud positiva ante la vida, se mueve por los auditorios y los museos de Manhattan como Pedro por su casa, practica ejercicio cinco veces por semana y tiene ganas de vivir. Y esta nueva energía ha tenido un efecto muy positivo en su negocio: ha modernizado su sastrería, ha contratado personal y ha conseguido captar clientes más jóvenes.

Durante todo este tiempo, el psiquiatra, la esposa y yo hemos estado en contacto. El tratamiento de enfermedades complejas necesita un juego de equipo. Que el paciente sea tratado por varios especialistas no es suficiente (aunque sean los mejores), sino que éstos deben trabajar juntos, ayudarse, compartir información y avanzar en la misma dirección. A veces los distintos médicos de un paciente compiten entre ellos para conseguir tener más poder o para que su opinión prevalezca sobre la de los demás. El actual sistema sanitario tampoco fomenta este tipo de colaboraciones. Los médicos carecen del tiempo necesario para fomentar el diálogo con sus pacientes y, menos aún, para compartir impresiones con médicos de otras especialidades que también los están tratando. Pienso que será necesario encontrar soluciones para este problema si queremos que el sistema sanitario pueda superar el gran reto de los próximos años: las enfermedades crónicas, especialmente las cardiovasculares y las mentales. Es imprescindible tejer una red de expertos en distintas ramas médicas (cardiólogos, psiquiatras, neurólogos) que puedan compartir conocimientos y trabajar codo con codo en el tratamiento de enfermedades complejas que requieren intervenciones multidisciplinarias.

Las dos enfermedades que padece Samuel, miocardiopatía hipertrófica y depresión, son crónicas, por lo que tendrá que seguir tomando indefinidamente medicación para controlarlas. Por otra parte, sus hijos tendrán que someterse a un chequeo a partir de los 16 años, ya que podrían haber heredado la dolencia cardíaca del padre.

Luis

Valentín observó que su paciente estaba triste y preocupado. Seguidamente, validó su impresión cuando la esposa y la madre, respondiendo a sus preguntas, le informaron de que Samuel era un hombre lacónico, de poca energía, callado y tristón. Dormía poco y no le atraían los espectáculos ni el arte. Tampoco disfrutaba de la comida ni de las actividades físicas o al aire libre. Valentín no tardó en llegar a la conclusión de que además de padecer una importante enfermedad cardíaca, Samuel sufría depresión crónica. Durante décadas, esta terrible dolencia le había oscurecido el pensamiento, robado el entusiasmo y casi destruido la capacidad natural de sentir alegría.

El caso de Samuel trae a colación varios temas de enorme interés: la necesidad de distinguir entre los estados normales de tristeza y el trastorno de depresión, las consecuencias emocionales de la pérdida del padre durante la infancia, la importancia de adaptar el tratamiento al paciente y no el paciente al tratamiento, y el impacto de los cambios de temperamento de las personas, aunque sean positivos, en el equilibrio de sus relaciones afectivas.

Tristeza normal y depresión

Una cosa son los rasgos pesimistas estables de nuestro carácter o los episodios de tristeza natural que provocan en nosotros los sucesos penosos, y otra la depresión como enfermedad. No es lo mismo ser una persona de carácter introvertido, reservado o incluso agorero que sufrir depresión. También es verdad que a lo largo de nuestro trayecto por este mundo, nadie se libra de vivir crisis o situaciones dolorosas. Es normal sentirnos tristes y abatidos cuando perdemos a un ser querido, o angustiarnos cuando rompemos una relación sentimental, o cuestionarnos nuestra valía si nos despiden inesperadamente del trabajo. Además, en ocasiones, nuestro decaimiento es consecuencia de una enfermedad física, como la anemia o el hipotiroidismo. Ciertos fármacos también producen abatimiento; por ejemplo, algunos tranquilizantes, la reserpina o los esteroides.

Distinguir la tristeza normal del trastorno depresivo que requiere tratamiento especializado es muy importante. Por una parte, considerar normal o ignorar una depresión patológica puede ser un descuido nefasto y, dado el riesgo de suicidio que supone, hasta mortal. Por otra, diagnosticar como enfermedad sentimientos normales de tristeza implica exponer a la persona a sufrir innecesariamente los efectos secundarios que pueden producir los remedios médicos y psicológicos. Asimismo, en todas las culturas, la tristeza y la congoja que provocan las desgracias se consideran expresiones normales de dolor que merecen apoyo, compasión y solidaridad por parte de los demás, mientras que la amargura y la desesperación que, sin motivo aparente, manifiestan las personas deprimidas suelen inducir incomprensión y distanciamiento en las personas de su alrededor.

La tristeza normal tiene tres características. En primer lugar, es una respuesta emocional apropiada y coherente ante una situación dolorosa o una pérdida concreta. Por ejemplo, la ruptura de una relación importante o la pérdida inesperada del trabajo. Debo aclarar que hay personas vulnerables, ya predispuestas a la depresión, que enferman como consecuencia de estos infortunios comunes. También es verdad que hay desgracias tan devastadoras que arruinan la vida de las personas más vitalistas y resistentes. Para enjuiciar acertadamente la reacción de tristeza es necesario ponerla en el contexto de los valores del individuo afectado y del significado que éste le dé a los sucesos en cuestión.

En segundo lugar, la intensidad de la tristeza normal es proporcional a la magnitud y duración del suceso que la provoca. Esto también implica que la persona percibe y valora la circunstancia que la aflige correctamente y no la distorsiona o exagera. Por ejemplo, creer que nuestra pareja nos ha sido infiel nos produce una profunda tristeza, pero si esta creencia forma parte de un delirio de celos paranoicos sin base alguna en la realidad, la desolación que sentimos no es normal.

Por último, la reacción normal de tristeza remite o se aplaca cuando la situación que la causó cesa o la persona la supera emocionalmente. Así, la muerte de un ser querido es una pérdida irreparable, pero normalmente, con el tiempo, el desconsuelo y la angustia se alivian. Sin embargo, en ciertas condiciones traumáticas o en personas vulnerables, el duelo interior puede prolongarse y convertirse en depresión. Precisamente, como describiré más adelante, sospecho que éste fue el caso de Samuel.

La depresión implica una alteración mental con síntomas patentes, constantes y ostensibles para los afectados y para las personas que los conocen durante un mínimo de catorce días consecutivos. Los síntomas de la depresión atañen al estado de ánimo (sentimientos profundos de tristeza, amargura, desmoralización), desfiguran la forma de pensar (pensamientos irracionales de autodesprecio y de culpa, devaluación de la vida, ideas suicidas), perturban el comportamiento (lentitud de movimientos, pérdida de energía) y trastocan ciertas funciones corporales como el apetito, el sueño y el sexo.

La depresión también mina la sensación de controlar el día a día, socava la aptitud para adaptarse a los cambios y consume el vigor que se necesita para superar los retos cotidianos. Al carecer de esperanza, los afligidos se desmoralizan, desconfían del futuro y tienden a decir «¡no!» a las oportunidades que se les presentan, por favorables que sean. Las personas deprimidas son incapaces de extraer placer de las relaciones con sus seres queridos, por lo que se aíslan y, al irradiar amargura y agotamiento, los demás se distancian de ellos.

La depresión destruye la habilidad para gratificarse de las ocupaciones y las actividades de ocio. En definitiva, apaga todos los escenarios que aportan alegría y momentos satisfactorios en la vida.

El trastorno depresivo se puede manifestar en un incidente aislado o en episodios recurrentes. Cuando todos los episodios son de carácter depresivo, se habla de depresión unipolar. El trastorno bipolar consiste en períodos de depresión seguidos de fases de euforia que no se corresponden con circunstancias o hechos reales, con la realidad. A veces es fácil asociar el desánimo a traumas específicos, como por ejemplo la ruptura de una relación sentimental importante, la pérdida inesperada del trabajo o la muerte de un ser querido. Otras veces, la depresión es la respuesta emocional a una enfermedad física debilitante, muy dolorosa o incurable. A menudo, sin embargo, cuesta identificar un suceso particular que justifique la melancolía. De ahí la distinción que muchos especialistas hacen entre depresión reactiva que responde a un suceso externo y depresión endógena que no se puede relacionar con ningún hecho concreto.

En los países occidentales, los casos de depresión son frecuentes y han aumentado sin cesar desde 1910. Una explicación es que su diagnóstico es cada día más preciso, no sólo por parte de los especialistas sino por parte de los médicos de familia, por los peritos de la psicología y hasta por los propios afligidos, sus familiares y amigos. Otro factor que contribuye a su mayor frecuencia es que en los últimos veinte años, la depresión ha empezado a ser aceptada como una enfermedad más. Su impacto social es menos humillante y los afectados tienden a buscar ayuda profesional más abiertamente que antes. Recordemos que, hasta hace poco, la mera alusión a haber visitado a un psiquiatra se interpretaba como una prueba de locura o, cuanto menos, un signo de debilidad de carácter o de fracaso personal. Hoy la ayuda psicológica no marca tanto.

La aparición y rápida divulgación en los últimos años de medicamentos antidepresivos muy potentes y de pocos efectos secundarios, conocidos como inhibidores selectivos de la recaptación de la serotonina (ISRS), que aumentan la liberación de esta sustancia en el cerebro (la fluoxetina fue el primero), han servido también de incentivo para que las personas deprimidas busquen ayuda. Promovidos por enormes campañas publicitarias internacionales, se calcula que estos fármacos son consumidos en la actualidad por unos treinta y cinco millones de personas en todo el mundo.

Hasta hace unos veinte años se pensaba que los niños no se deprimían. Sin embargo, lo cierto es que las criaturas de 6 y 7 años ya pueden verse atormentadas por este mal. En los pequeños, la depresión se expresa a través del comportamiento. Por ejemplo, dejan de jugar, tienen dificultad para concentrarse y suelen tener problemas de conducta en el colegio. En jóvenes, la depresión se diagnostica cada día con más frecuencia. Hace menos de un siglo no había adolescencia, se pasaba de la infancia a la edad adulta a los 7 u 8 años, después de adquirir el uso de razón como por arte de magia. Hoy se reconoce que los adolescentes cruzan un «puente» enigmático y excitante que pueden tardar en pasar una docena de años.

El suicidio es la secuela más amarga de la depresión. Desde los albores de la civilización, un hilo conductor de desesperación, autodesprecio y resentimiento une a quienes, venciendo el instinto de conservación y el miedo a la muerte, se quitan la vida antes de llegar al fin natural de su existencia. Según la Organización Mundial de la Salud (OMS), aproximadamente 2.230 personas se suicidan cada día en el mundo, y por cada persona que se inmola, veinte lo intentan sin éxito. La realidad es que en casi todas las culturas, el suicidio es un tabú y a menudo se oculta o se disimula, por lo que los datos oficiales no reflejan la verdadera magnitud del problema.

En mi experiencia, aunque las fantasías de algunos suicidas dejan entrever la aspiración a un más allá mejor, para la mayoría, la decisión de terminar con su vida se alimenta de un cúmulo de racionalizaciones fatalistas. Para estos atormentados, los argumentos más razonables en contra de matarse parecen triviales, absurdos.

Al margen del suicidio, las personas deprimidas se alimentan peor, se cuidan menos, sufren más accidentes, fuman más, consumen más alcohol y suelen morir prematuramente. De hecho, en Estados Unidos, la tasa de mortalidad de las personas que sufren depresión es casi el doble que la de la población general, incluso si no se tienen en cuenta el suicidio, la alimentación y el consumo de alcohol y tabaco. Al parecer, la depresión, por sí misma, contribuye a la aparición de ciertas enfermedades cardíacas, al producir cambios en el tono del sistema nervioso autonómico y alteraciones en el funcionamiento de las plaquetas.

Hoy, la Medicina y la Psicología disponen de armas terapéuticas muy potentes y eficaces contra la depresión. En los últimos quince años, los tratamientos farmacológicos han avanzado espectacularmente. En general, dos de cada tres enfermos responden favorablemente a la medicación antidepresiva. Alrededor del 10 por ciento de los pacientes, sin embargo, necesitará tratamiento durante toda la vida.

Otra buena noticia es que la mayoría de los pacientes se beneficia de la psicoterapia, sobre todo en combinación con fármacos antidepresivos. Una intervención eficaz es la que se conoce como psicoterapia interpersonal. Esta psicoterapia, que no suele superar las veinte sesiones, se centra en la autoestima del paciente y en sus relaciones con otras personas en el presente. Otra modalidad eficaz de psicoterapia consiste en ayudar al paciente deprimido a cambiar las distorsiones negativas de su percepción del mundo, las generalizaciones fatalistas y los pensamientos automáticos desfavorables sin base real. Estos pensamientos se forjan con prejuicios o sentencias irreflexivas y suelen derivar en juicios absolutos tan negativos como desacertados.

Pese a todos estos avances, la mejor forma de defendernos del pesimismo maligno es descubrir lo antes posible sus signos premonitorios y adoptar inmediatamente medidas curativas. La detección temprana y el tratamiento precoz de la depresión aguda pueden ahorrar a los pacientes meses de tormento y salvar muchas vidas. No obstante, se calcula que por lo menos una cuarta parte de los afectados de depresión mayor no recibe tratamiento. Por definición, la persona deprimida carece de motivación para buscar ayuda y los familiares no son a menudo conscientes de que el decaimiento de ánimo es un trastorno curable. En el caso de las personas mayores, es común pensar que el apagamiento emocional es «algo normal» en la vejez. Cuando se trata de niños y jóvenes, la tendencia es negar la posibilidad de que se puedan deprimir o achacar su decaimiento a los «dolores normales del crecimiento».

Cuando el paciente somatiza su melancolía o expresa su dolor emocional a través de síntomas físicos, la negación del problema psicológico es aún más probable, pues tanto los afligidos como el sistema sanitario siempre tienden a abordar las averías del cuerpo mucho antes que las de la mente. El estigma social que todavía marca a los enfermos mentales también se interpone entre el doliente y el tratamiento.

Hambre de padre

En mi experiencia, bastantes hombres que sufren depresión crónica que pasa desapercibida tienen como denominador común el hambre de padre. En estos hombres que perdieron inesperadamente a su padre durante los primeros años de la adolescencia, el duelo se transforma gradualmente en un estado depresivo crónico que, al combinarse con los rasgos de la personalidad, no se identifica como patológico («ése es su carácter», o «siempre ha sido así», se suele decir). Naturalmente, la muerte del padre o de la madre es siempre traumática para los niños y les provoca profundos sentimientos de tristeza, confusión, rabia y abandono. El impacto suele ser aún más dañino cuando la pérdida es insospechada o tiene lugar en circunstancias trágicas, como le ocurrió a Samuel. Ante estos huérfanos se alza un mundo amenazador colmado de retos que para ellos son insuperables.

En el caso del varón, la desaparición irreversible del padre suele ser especialmente funesta. La razón es que las señales de aprobación y de afecto que les transmite el padre, o una figura estable paterna —a menudo con su mera presencia— constituyen una fuente fundamental de seguridad, identidad y autoestima.

Aunque con el tiempo la mayoría de estos hijos huérfanos superan saludablemente la carencia paterna, en algunos el duelo interno se cronifica y consume su vitalidad durante años. En estos desafortunados, el recuerdo del padre ausente taladra un enorme agujero en el que buscan obsesivamente a alguien que, por no estar presente, está siempre presente. La memoria del padre se convierte, así, en una sensación permanente de vacío, de soledad, de añoranza, de silencio.

A diferencia de Lisa, la mujer atormentada por la ansiedad que rechazó durante años todas las ofertas de ayuda médica pese a jugarse literalmente la vida, Samuel accedió dócilmente a todas las recomendaciones de Valentín, incluyendo la de cambiar radicalmente su estilo de vida. Ahora propongo que en esa parte de la mente que llamamos subconsciente, Samuel convirtió a Valentín en la figura de padre adoptivo respetable, racional, protector y benévolo que llevaba buscando desesperadamente desde los 12 años. Por su parte, Valentín aprovechó instintivamente este simbólico poder paterno para convencer a su paciente de que no tenía que morir prematuramente como su padre. Y a continuación le dio el permiso y las herramientas prácticas que necesitaba para concluir el interminable duelo patológico que le abatía, pasar página y abrir un nuevo capítulo en su vida.

Estoy de acuerdo con Valentín en que, después de transcurridos tantos años, no hubiera sido beneficioso forzar a Samuel a indagar y desmenuzar los avatares dolorosos y ya olvidados de su infancia. Samuel recibió el tratamiento indicado: apoyo afectivo, medicación antidepresiva, estímulo para que reforzara las conexiones afectivas con su mujer y sus hijos, y consejos para fomentar estados de ánimo saludables y minimizar los pensamientos negativos con el fin de construir una perspectiva más optimista del mundo y sus ocupantes.

Cultivar el temperamento positivo

La receta de Valentín fue muy eficaz porque al conseguir que Samuel expandiese sus actividades de ocio gratificantes, también logró mejorar su estado de ánimo y su forma de pensar. Y es que quienes logran mantener en general una disposición alegre tienen altas probabilidades de percibir la vida favorablemente. Para fomentar el optimismo también resulta muy eficaz diversificar las fuentes de satisfacción. Las personas que desempeñan a gusto varias actividades diferentes disfrutan más de la vida en general y soportan mejor los contratiempos. Igualmente, las personas que se sienten contentas se inclinan a predecir eventos favorables, mientras que las personas desalentadas tienen una alta propensión a augurar infortunios.

En la actualidad, sabemos que los sentimientos desempeñan un papel fundamental en la forma de pensar y de explicar el mundo. Determinados centros cerebrales (por ejemplo, el hipotálamo y la amígdala) que se encargan de elaborar y modular las emociones, estimulan a su vez las neuronas especializadas en el razonamiento. Lo opuesto es también cierto. La cualidad positiva o negativa de nuestros pensamientos influye en nuestro estado emocional. Por lo tanto, estimular los pensamientos positivos facilita estados de ánimo placenteros.

La estrecha vinculación y coherencia que existe entre lo que sentimos y lo que pensamos nos ofrece la oportunidad de luchar contra los estados depresivos, trabajando simultáneamente en el estado de ánimo y en la forma de pensar. De esta manera, al mismo tiempo que plasmamos nuestros sentimientos positivos en nuestras interpretaciones de los avatares de la vida, también podemos modular nuestras emociones con pensamientos positivos.

Adaptación de la familia a los cambios

Por último, la historia de Samuel también refleja la importancia de considerar el impacto que ejerce en el equilibrio familiar el cambio positivo de uno de sus miembros. Aunque desde el principio, bajo la dirección de Valentín, la esposa de Samuel y los hijos pequeños apoyaron y acogieron con brazos abiertos su transformación en un marido y padre más activo y feliz, esto no es siempre así. He podido constatar muchas veces que cuando un individuo que ha sido normalmente depresivo se convierte en una persona alegre y vitalista, se desequilibra la dinámica de pareja o familiar. Y si los demás no logran adaptarse al cambio, las relaciones corren peligro.

Recuerdo el caso de una mujer de cincuenta y pico años que vino a mi consulta preocupada sobre cómo tratar a su hijo, ya adolescente, que padecía problemas neurológicos y psicológicos a consecuencia de haber sufrido encefalitis en su infancia. La mujer era ama de casa y llevaba dos décadas felizmente casada con un arquitecto, de personalidad algo dominante pero muy cariñoso y responsable. Aunque el tema de las consultas era su hijo, después de varias sesiones me llamó la atención su talante invariablemente severo, reservado y algo melancólico. Un día le pregunté sobre su vida y me comentó que hasta los 20 años había sido una joven alegre y muy sociable pero que, sin motivo aparente, se fue paulatinamente convirtiendo en la persona que era. Habiéndome ganado su confianza, le sugerí que para descartar la posibilidad de un estado depresivo crónico, por qué no probaba tomar un antidepresivo bajo mi supervisión. Ella aceptó mi propuesta y comenzó a tomarlo.

Un mes más tarde, la mujer acudió a la consulta con su marido. Nada más entrar ella sola en mi despacho, me informó sonriente de que el medicamento había funcionado. Se sentía más optimista, alegre y muy ilusionada porque había decidido trabajar de voluntaria en un hospital de su comunidad. No habrían transcurrido más de diez minutos cuando el marido irrumpió en el despacho. Muy preocupado, me informó que su mujer había cambiado y, como resultado, la relación entre ellos estaba sufriendo. Explicó que ahora ella opinaba sobre todo y que discutían con frecuencia. Además, había organizado su propia agenda de actividades fuera de casa. Era obvio que a este buen hombre, acostumbrado a tener en casa una mujer callada, tímida y dependiente, la nueva situación se le escapaba de las manos. Una vez se calmaron los ánimos, le propuse reunirnos los tres un par de veces para entender sosegadamente lo que estaba ocurriendo y tratar de encontrar un nuevo equilibrio en su relación, un equilibrio que tuviese en cuenta el cambio positivo que había experimentado su esposa. Gracias a que se trataba de un marido razonable, abierto a cambiar sus expectativas y decidido a proteger su matrimonio, la crisis se resolvió.

Capítulo doce

Tim: hombre de 55 años con un trastorno del ritmo cardíaco y con problemas de comunicación

Valentín

Tim, un hombre de 55 años, casado y con tres hijos adultos (de 32, 30 y 28 años) acudió a mi consulta acompañado de su esposa. Unos meses antes, su médico le había detectado un trastorno cardíaco denominado fibrilación auricular y él, preocupado por el diagnóstico, quería una segunda opinión.

La fibrilación auricular es un trastorno del ritmo cardíaco que afecta al 2 por ciento de la población de más de cincuenta años y que se puede detectar con un electrocardiograma. Por regla general, quien la sufre tiene una frecuencia cardíaca más rápida de lo normal debido a que las cámaras superiores del corazón (las aurículas) se contraen de manera caótica y descoordinada. Las palpitaciones son el síntoma más común, si bien algunos pacientes tienen una sensación de falta de aire, dolor en el pecho o se sienten cansados. En otras ocasiones no presentan ningún síntoma. En algunos casos, la fibrilación se produce sin causa alguna y, en otros, puede estar provocada por una enfermedad en los pulmones, por determinados medicamentos o por el consumo excesivo de bebidas alcohólicas. Este último supuesto es muy común: examino un mínimo de un paciente a la semana con problemas de arritmia vinculados al consumo de alcohol.[28]

Tim me confesó que, en el último año, su consumo de bebidas alcohólicas había aumentado de forma espectacular. Quise saber a qué se debía ese aumento, pero no supo explicarme los motivos. Su esposa sí. Me contó que, hacía un año su marido había sido despedido del trabajo. Había trabajado durante años en el departamento de recursos humanos de una compañía. Sin previo aviso, la empresa había anunciado que se veía obligada a reducir plantilla y él fue uno de los muchos trabajadores afectados por esta medida. De la noche a la mañana, Tim pasó de ser un ejecutivo ocupado a estar sentado en el sofá de su casa, delante del televisor y sin nada que hacer. Dejó de leer el diario, perdió el apetito, apenas dormía, empezó a tener dificultades para comunicarse con los demás y se pasaba horas frente a la pantalla del televisor, bebiendo una cerveza tras otra y, a veces, varias copas de coñac. Sin saberlo, su esposa describió perfectamente una depresión.

Tim tenía un trastorno del ritmo cardíaco porque bebía en exceso. Y bebía porque estaba deprimido. El problema de raíz era la depresión: necesitaba la ayuda de un psiquiatra. Si conseguíamos tratar su depresión, quizá podríamos acabar con los demás problemas.

Le recomendé un psiquiatra de mi confianza y me despedí de él con la siguiente reflexión: todos estamos expuestos a la pérdida de trabajo. En una sociedad en la que imperan los movimientos empresariales (fusiones, adquisiciones, reestructuraciones), nuestros puestos de trabajo se ven afectados

28. El riesgo de arritmia se duplica si el paciente consume más de seis bebidas alcohólicas diarias. Existe una gran diferencia entre el consumo moderado de alcohol (una o dos copas de vino diarias con las comidas) y el consumo excesivo.

por estas decisiones. Tarde o temprano, dejaremos de trabajar. Son muchos los motivos: un despido, una jubilación anticipada o una jubilación tras una larga vida profesional. Y cuando llega ese momento, es importante que encontremos la forma de sentirnos útiles. Una de ellas, muy importante a mi entender, es el voluntariado social; ayudar a la sociedad con los conocimientos adquiridos tras muchos años de experiencia profesional.

El psiquiatra llevó a cabo una labor excelente. Lo trató con psicoterapia y medicación. La esposa de Tim fue otro punto de apoyo esencial. Al cabo de pocos meses, Tim empezó a colaborar con una fundación que yo creé para inculcar buenos hábitos de salud en los niños y que tiene su base de operaciones en Harlem. También se inscribió como voluntario en la asociación de Alcohólicos Anónimos. Su experiencia con el alcohol y los problemas cardíacos que sufrió como consecuencia de beber una cerveza tras otra le sirvieron para comprender los retos y dificultades a los que se enfrentan aquellos que son prisioneros de su adicción.

Gracias a su actitud generosa, a su energía y a sus dotes de gestión, Tim ocupa en la actualidad cargos de responsabilidad en ambas organizaciones. Es un voluntario tan ocupado que ya no tiene tiempo para ver la televisión y ha dejado el alcohol completamente.

Y cuando la vida de Tim recuperó el ritmo perdido, su corazón también lo hizo y la fibrilación auricular desapareció por completo.

Voluntariado

En mi opinión, al voluntariado no se le está dando el valor que se merece. Todos tenemos cualidades y conocimientos que pueden ser muy útiles para la sociedad. La buena noticia es que podemos ser voluntarios en todas las etapas de nuestra vida adulta y utilizar nuestras aptitudes (fortaleza, creatividad, generosidad) y también nuestra experiencia profesional para construir un mundo mejor. Por ejemplo, un economista puede llevar las cuentas de una fundación, un periodista jubilado puede redactar la revista de una organización sin ánimo de lucro o puede ser su portavoz, una profesora puede enseñar a los más pequeños, un deportista puede promover el ejercicio físico y un cocinero puede promover hábitos alimentarios más saludables. Unos dispondrán de más tiempo; otros, de menos. Lo importante es ayudar.

Cuando ayudamos a los demás, nos estamos ayudando a nosotros mismos. Suena moralista, pero es una realidad. Las personas que deciden realizar tareas de voluntariado constatan que reciben tanto o más de lo que dan. En mi caso, impulsar diversos proyectos para promover la salud y observar su impacto real en la sociedad es una fuente de satisfacción y de energía. Personalmente, aparte de mi trabajo profesional, el voluntariado me infunda vitalidad, retos e ilusión.

Luis

Quedarse sin trabajo tras muchos años de esfuerzo y de dedicación suele causar una terrible sensación de vacío e inutilidad. Para la mayoría de la gente, la ocupación es un punto de estabilidad, tanto económica como emocional y social. Y los más afortunados disfrutan con su trabajo porque es la respuesta a una vocación. Cuando la pérdida del puesto laboral es imprevista y se debe a un despido fulminante, como en el caso de Tim, la sensación de fracaso y falta de control es aún mayor. También puede dañar la autoestima y la identidad individual y social, ya que la profesión o el empleo a menudo sirven de carta de presentación.

Tim trató de calmar su dolor escapándose, desconectándose de la realidad. Y lo hizo consumiendo bebidas alcohólicas mientras se pegaba hipnotizado a la pantalla del televisor. Muy probablemente, ni siquiera absorbía los programas que observaba, ya que lo que le atraía de la televisión es que le permitía ausentarse, poner la mente en blanco. Bastantes personas se pasan horas sentadas delante de la pequeña pantalla, como en un trance, comiendo compulsivamente dulces y bebiendo sin parar. Algunos llegan a pasar días enteros frente al televisor y sólo se levantan del sofá para irse a la cama cuando anochece.

Tim era un hombre que valoraba su trabajo, y cuando prescindieron de él, se sintió profundamente herido, desorientado e inútil. Poco a poco adoptó una actitud apática ante la vida, lo veía todo negro, obnubiló su conciencia con alcohol y televisión, se aisló de sus seres queridos y perdió la capacidad para gozar e incluso las ganas de vivir.

La coordinación entre Valentín, el psiquiatra y la esposa de Tim resultó ser muy beneficiosa. Fue la esposa la que observó que su marido no sólo había perdido el trabajo sino que en los últimos meses había cambiado de personalidad. Valentín comprendió que la raíz principal del problema de su paciente no radicaba en el corazón sino en su mente, y concretamente en la pérdida de autoestima y el sentido de utilidad. Como ocurrió con Samuel e Isabel, al final, la recuperación de Tim también fue labor de todos. Sin embargo, en este caso, la sustancia activa del remedio fue el altruismo.

El poder del altruismo

Cada día se acumulan más datos científicos que demuestran que las tendencias altruistas están programadas en nuestro equipaje genético y alimentan el motor imparable de la evolución y la mejora de la especie. Incluso los pequeños de 2 años ya se turban ante el sufrimiento de personas cercanas y hacen intentos para consolarlas. Es un hecho comprobado que las comunidades unidas por fuertes lazos de solidaridad prosperan más que los colectivos fragmentados por el egocentrismo.

Todos, o casi todos, somos herederos de una disposición compasiva que ha evolucionado a lo largo de milenios. Es comprensible que sean pocos los inclinados a considerar la evolución a la hora de admirar la bondad humana. Al fin y al cabo, ocurre lo mismo cuando nos deslumbramos con una piedra preciosa que debe su belleza a millones de años de presión en la roca. Además, a menudo no apreciamos la abundante benevolencia humana porque la damos por hecho, y ni la historia ni los medios de comunicación la consideran digna de mención. De hecho, las noticias en todos los países las acaparan unos pocos desalmados.

Es cierto que los actos altruistas, sobre todo en circunstancias dramáticas, suelen causar en muchas personas una mezcla de asombro e incredulidad. Les chocan porque intuyen que van en contra del principio incontrovertible del egoísmo humano. También hay quienes ignoran estos gestos desprendidos sencillamente porque consideran que tienen que estar motivados por intereses secretos o neurosis extrañas. Por eso piensan que sospechar de conductas altruistas es la respuesta inteligente y realista.

Sin embargo, es un hecho que al sacrificarnos por los demás, incluso a costa del bien propio, fomentamos la reciprocidad y la estima social y contribuimos a la supervivencia del grupo. Y eso no es todo, pues, como ha comentado Valentín, la generosidad y la predisposición a auxiliar a nuestros semejantes son fuentes de satisfacción y felicidad. Esto explica el que tanta gente cumpla con esa ley natural que prescribe que la mejor manera de conseguir la dicha propia es sencillamente proporcionársela a los demás.

«Voluntariar» es bueno para la salud

A medida que se prolonga la duración de la vida y que la tecnología permite reducir el número de horas laborables, la calidad de nuestro tiempo libre se revaloriza. Hoy el contenido de las horas libres se ha convertido en una de las fuentes más importantes de regocijo. Precisamente, como ha mencionado Valentín, una actividad muy beneficiosa que va en aumento en el mundo occidental es el voluntariado. Ésta es una buena noticia, ya que las tareas que canalizan nuestra generosidad son muy saludables para quienes las practican.

En primer lugar, las labores de voluntariado son un medio para crear y mantener vínculos afectivos gratificantes. Nos permiten entablar nuevas amistades y conectar con personas que tienen inquietudes parecidas a las nuestras y fortalecen nuestro sentido de pertenecer a un grupo. Además, está demostrado que la buena convivencia y la solidaridad estimulan en nosotros la alegría y constituyen un antídoto eficaz contra los efectos nocivos de muchas calamidades. Las personas que se sienten parte de un colectivo solidario expresan un grado más alto de satisfacción con la vida.

Los practicantes del voluntariado (aunque no sea más de una hora a la semana) sufren menos ansiedad, duermen mejor, abusan menos del alcohol o las drogas y tienen una autoestima más alta que quienes no lo practican. Son muchos los estudios que demuestran que el voluntariado ayuda a paliar el dolor crónico[29] y la depresión.[30] Las actividades de voluntariado repercuten también en nuestra identidad personal y social. Estimulan el sentido de la propia competencia y nos recompensan con el placer de participar en el funcionamiento o mejora de la sociedad. Quienes se consideran socialmente útiles o sienten que tienen un impacto positivo en la vida de otros son más proclives a mantener una perspectiva más favorable de la vida y persisten con más tesón ante los reveses cotidianos que quienes se sienten inútiles o ineficaces. Esto siempre me hace recordar la receta de la escritora parisina Simone de Beauvoir para alimentar nuestra vitalidad y potenciar el significado de la vida: «Dedicarnos a personas, grupos, proyectos o causas; sumergirnos en el trabajo social, político, intelectual o artístico; desear pasiones intensas que nos impidan cerrarnos en nosotros mismos [...] Apreciar la vida de los demás a través del amor, de la amistad, de la compasión» (*La vejez*, 1970).

Otro beneficio de las ocupaciones voluntarias es que facilitan la posibilidad de diversificar nuestras parcelas de felicidad. Una tarea voluntaria bien dirigida puede amortiguar el golpe de una desgracia familiar o de un fracaso laboral. Lo mismo que los inversores no arriesgan todo su capital en un solo negocio, es bueno diversificar la fuente de felicidad en nuestra vida.

29. Arnstein, P., M. Vidal, C. Wells-Federman, «From Chronic Pain Patient to Peer: Benefits and Risks of Volunteering», *Pain Management Nursing*, 3 (2004), pp. 94-103.

30. Musick, Marc A., y John Wilson, «Volunteering and Depression: The Role of Psychological and Social Resources in Different Age Groups», *Social Science and Medicine*, 56 (2003), pp. 259-269.

En definitiva, *voluntariar* (un verbo que no existe todavía en las lenguas románicas, pero sí en las germánicas, como el inglés) es muy bueno para la mente y el cuerpo. Es una actividad coherente con esa ley natural según la cual el mejor negocio es el bien común. Como dice Valentín, cuando ayudamos a los demás, nos ayudamos a nosotros mismos. Y es que el bien común nos favorece a todos.

Se dice que todas las historias tienen su moraleja; el caso es dar con ella. Yo propongo que la moraleja que destila la historia conmovedora de Tim es la misma que apuntan las antiguas verdades nobles atribuidas a Buda: «La vida es difícil, pero las dificultades se pueden superar si reconocemos sus causas y salvamos los obstáculos que nos impiden vencerlas.»

Capítulo trece

Charlie: hombre extrovertido de 60 años con enfermedad coronaria

Valentín

Charlie, uno de los hombres más sociables y simpáticos que conozco, es mi paciente desde 1990. A lo largo de estos dieciocho años de relación, no sólo ha conseguido seducir a todo mi equipo —las enfermeras del hospital lo adoran— sino que también ha logrado la complicidad de mi esposa y de mis dos hijos, con los que durante años mantuvo conversaciones telefónicas.

La primera vez que Charlie vino a mi consulta tenía 60 años. Había visto mi nombre en el diario *New York Times* y había decidido que yo era el cardiólogo que estaba buscando. Se presentó en mi consulta algo nervioso y sudoroso, y prácticamente no me dejó hablar. Me contó toda su vida sin que yo pudiera interrumpirlo ni una sola vez.

Había crecido en Florida, pero vivía en Nueva Jersey[31] y trabajaba como representante de una compañía farmacéutica. Visitaba hospitales locales con el objetivo de presentarles —y venderles— nuevos medicamentos de la compañía. Estaba soltero y sin compromiso. Parecía tener una única fuente de preocupación: su corazón.

31. Estado colindante con Nueva York.

figura 9

DOLOR EN LA ANGINA (TRANSITORIO) Y EN EL INFARTO (DURADERO)

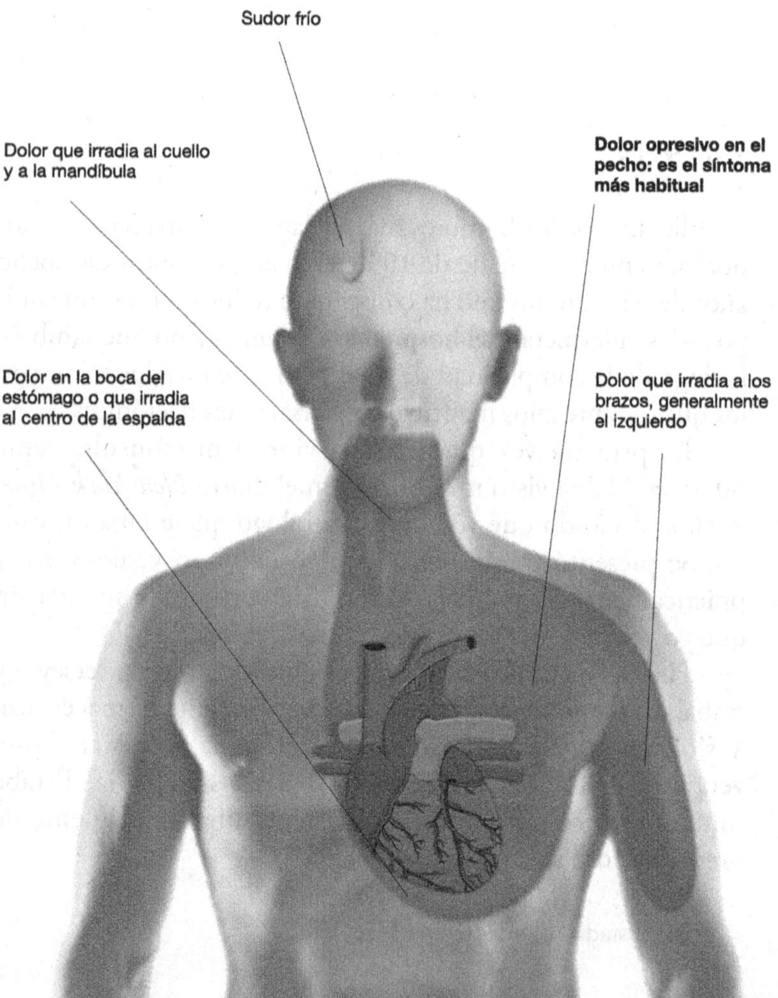

figura 10

EL INFARTO

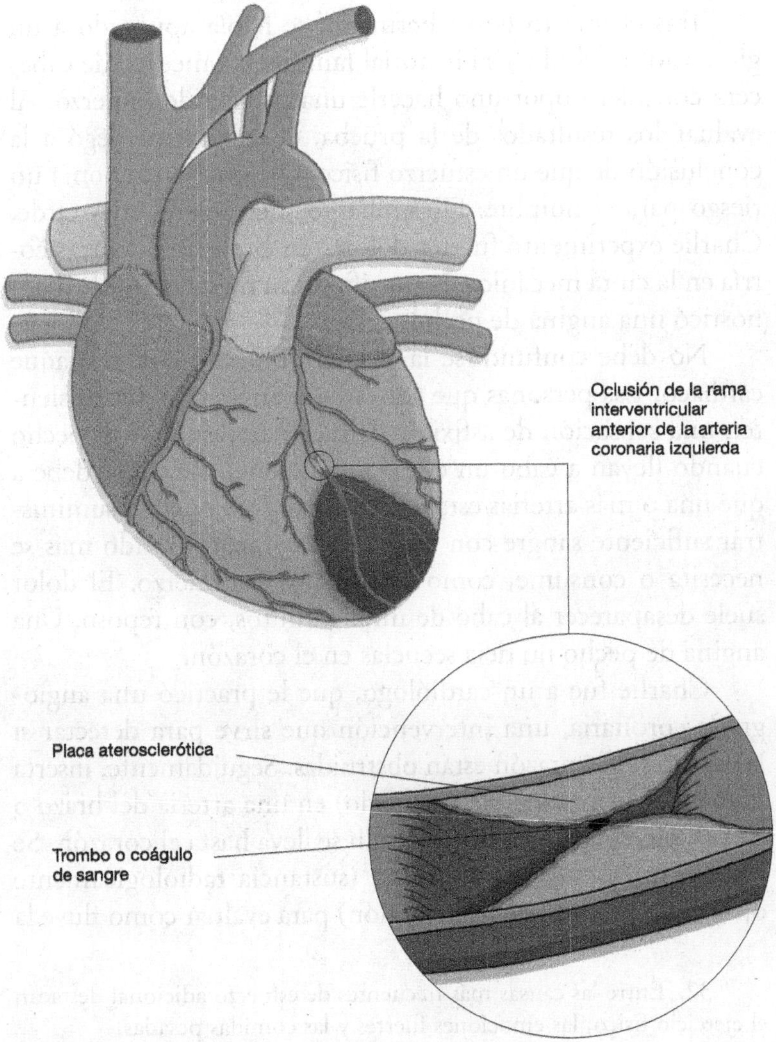

Dos años antes, su único hermano, tres años más joven que él, fumador y con el colesterol por las nubes, había sufrido un ataque cardíaco. Desde entonces, y a pesar de que su hermano había sobrevivido al infarto, Charlie vivía con la obsesión de que iba a morir de un infarto.

Tras el infarto de su hermano, se había apuntado a un gimnasio y, debido a su historial familiar, su médico de cabecera consideró oportuno hacerle una prueba de esfuerzo. Al evaluar los resultados de la prueba, el facultativo llegó a la conclusión de que un esfuerzo físico adicional no suponía un riesgo para el hombre. Sin embargo, siete meses más tarde, Charlie experimentó fuertes dolores en el pecho mientras corría en la cinta mecánica. Lo notificó a su médico, que le diagnosticó una angina de pecho.

No debe confundirse la angina de pecho con el ataque cardíaco. Las personas que sufren una angina de pecho sienten una sensación de asfixia y de fuerte opresión en el pecho cuando llevan a cabo un esfuerzo adicional.[32] Esto se debe a que una o más arterias están obstruidas y no pueden suministrar suficiente sangre con oxígeno al corazón cuando más se necesita o consume, como es durante el esfuerzo. El dolor suele desaparecer al cabo de unos minutos, con reposo. Una angina de pecho no deja secuelas en el corazón.

Charlie fue a un cardiólogo, que le practicó una angiografía coronaria, una intervención que sirve para detectar si las arterias del corazón están obstruidas. Seguidamente, inserta un catéter (tubo flexible y delgado) en una arteria del brazo o de la ingle del paciente y desde allí se lleva hasta el corazón. Se inyecta un líquido de contraste (sustancia radiológicamente opaca que permite su visualización) para evaluar cómo fluye la

32. Entre las causas más frecuentes de esfuerzo adicional destacan el ejercicio físico, las emociones fuertes y las comidas pesadas.

figura 11

INTERVENCIONES CORONARIAS

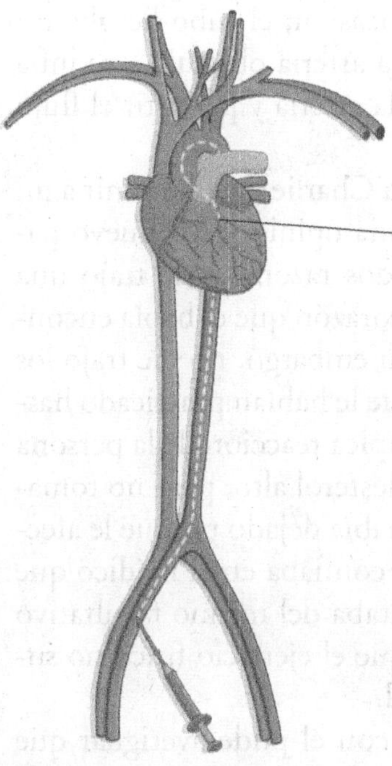

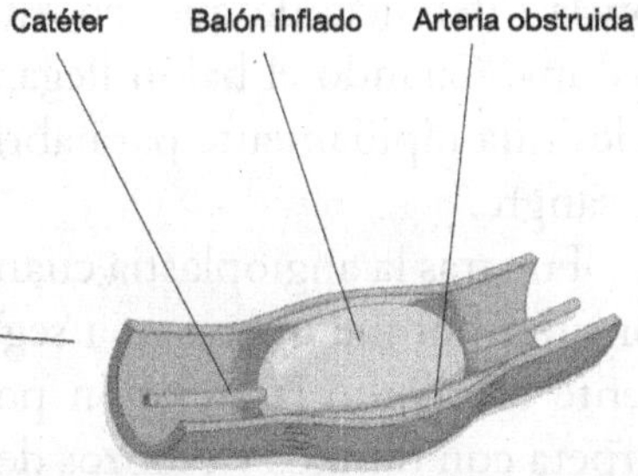

Angioplastia
Se hace llegar un pequeño globo hasta el corazón con un catéter. El globo se hincha dentro de la coronaria para abrirla haciendo presión.

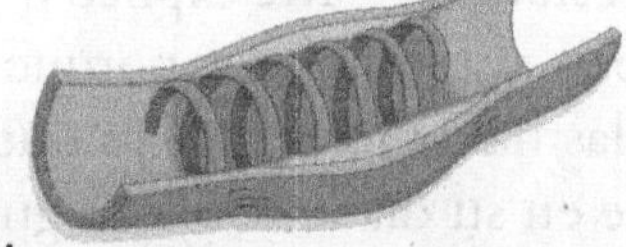

Stent
Se puede implantar un tubo de malla (stent) en el interior de la arteria para evitar que se vuelva a cerrar.

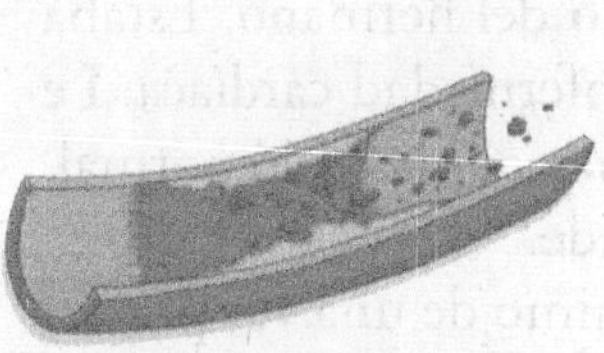

Fármaco trombolítico
Si no han pasado más de dos horas desde el inicio de los síntomas del infarto, un fármaco trombolítico es capaz de licuar el coágulo y restablecer la circulación en la coronaria obstruida.

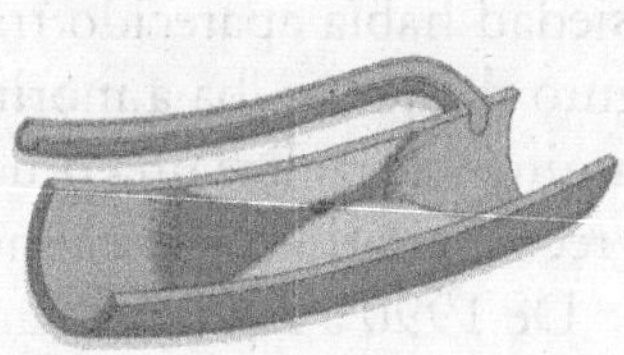

Bypass
Se empalma un fragmento de otro vaso sanguíneo del paciente haciendo un puente sobre el punto donde la coronaria está obstruida para que la sangre pueda salvar el obstáculo y volver a circular. El bypass conecta la aorta con la coronaria obstruida.

sangre a través del corazón. La angiografía confirmó al cardiólogo que de las tres arterias del corazón, tenía dos obstruidas.

El siguiente paso fue abrirle las arterias obstruidas con una intervención que se conoce con el nombre de angioplastia. Volvieron a insertar un catéter en el cuerpo de Charlie, con la diferencia de que, en esta ocasión, el tubo llevaba un «balón». Cuando el balón llega a la arteria obstruida, se infla y desinfla rápidamente para abrir la arteria y permitir el flujo de sangre.

Fue tras la angioplastia cuando Charlie decidió venir a mi consulta porque quería una segunda opinión. Mi nuevo paciente me llamó la atención por dos razones. Me trajo una carpeta con dibujos y esbozos del corazón que él había encontrado en libros y por Internet y, sin embargo, no me trajo los informes médicos de las pruebas que le habían practicado hasta la fecha. Me pareció que era la típica reacción de la persona ansiosa. Por otro lado, tenía un colesterol alto, pero no tomaba estatinas.[33] Me explicó que las había dejado porque le afectaban al estómago y porque ya no confiaba en el médico que se las había recetado, ya que se trataba del mismo facultativo que en su día le había asegurado que el ejercicio físico no suponía ningún peligro para su salud.

De la conversación que tuve con él pude averiguar que Charlie no había sido un niño o un joven ansioso, sino que la ansiedad había aparecido tras el infarto del hermano. Estaba seguro de que se iba a morir de una enfermedad cardíaca. Le examiné y le realicé una prueba de esfuerzo, que salió normal. Le receté estatinas y lo calmé como pude.

De 1990 a 2000 me llamó un mínimo de una vez por semana. Me localizaba en la consulta y, cuando no me encontraba, me llamaba a casa. Solía llamar por dolores mínimos y

33. Un medicamento que sirve para bajar el colesterol.

poco preocupantes desde un punto de vista médico. Siempre fue una persona extraordinariamente amable con todo aquel que contestaba la llamada. Llegó un momento en que dejó de importar que yo no estuviera en casa cuando él llamaba: hablaba con mi familia. A lo largo de esta década, mi misión consistió en tranquilizarlo por teléfono y, cuando su estado de ansiedad ya era muy elevado, pedirle que viniera a mi consulta para efectuarle una prueba de esfuerzo (que me permitía demostrarle que todo estaba bajo control, que no tenía por qué preocuparse y que no era necesario que se hiciera más pruebas ni que pasara por el quirófano).

En el año 2001, a los 71 años de edad, Charlie se jubiló y decidió volver a Florida, donde había crecido. Perdimos el contacto y ya no tuve noticias de él hasta cuatro años más tarde. Llamó a mi secretaria para pedirle hora. Voló hasta Nueva York y me contó que sus médicos en Florida le habían practicado cinco intervenciones de angioplastia cardíacas en cuatro años. Pedí al nuevo equipo de médicos que me mandaran los informes y pude averiguar que todas las intervenciones se debían a mínimas alteraciones. Hablé con los médicos y todos coincidían en afirmar que Charlie era un paciente tan insistente y persuasivo que dominaba a los médicos. Los convencía para que le practicaran pruebas y cuando el resultado de la prueba evidenciaba que su corazón tenía alguna alteración (cualquier paciente de esa edad tiene anomalías cardíacas), exigía ser intervenido para corregirla.

Charlie y yo hicimos un pacto: si quería que yo fuera su cardiólogo, nunca más entraría en un laboratorio o quirófano de intervención sin que yo estuviera previamente informado. Desde entonces me consta que acude con regularidad a la consulta de un cardiólogo de Florida quejándose de dolores en el pecho pero, hasta la fecha, ha cumplido su promesa. Cada vez que recibo una llamada con alguna propuesta de intervención, le pido a Charlie que venga inmediatamente a mi consulta porque tenemos que hablar. A menudo esas visitas imprevistas me obligan a bloquear mi agenda para poderle dedicar más de una hora. En los últimos tres años lo he sacado tres veces de nuevas intervenciones cardíacas.

Para Charlie, nuestra cita es una prioridad. Tiene ya en su agenda las citas de los próximos tres años, con el día y la hora exactos de la visita. Suele venir al mediodía. Vuela desde Florida a primera hora de la mañana, lo examino, visita una exposición de su interés en uno de los museos de Nueva York y por la tarde se vuelve a Florida. Me llama la atención el hecho de que siempre llega con el convencimiento de que esta vez voy a permitir que lo intervengan y con una disposición excelente para ello.

Hace unas semanas vino a verme con una sorpresa: ¡Se había casado! Llegó al hospital acompañado de su esposa, una mujer encantadora, dulce e incondicional. De hecho, no sólo apoya a su marido, sino que también me apoya a mí y me ayuda a calmarle cada vez que entra en una nueva espiral de ansiedad. La verdad es que el pronóstico de Charlie es bueno si se cuida y controla su colesterol.

Pacientes que controlan

El caso de Charlie es bastante frecuente. Son muchos los pacientes alarmados por algún síntoma que llaman insistentemente a la consulta y, cuando no te encuentran, consiguen el teléfono de tu casa o incluso el móvil. Estos pacientes intentan dominar al médico. Una vez más, la clave para ayudar a este tipo de pacientes está en la confianza que depositan en su médico. Es importante que encuentren a un facultativo que les inspire confianza y tranquilidad. Esto les permite relajarse y dejar de hacer investigaciones por su cuenta. Y es fundamental que el médico se muestre comprensivo con el paciente, pero firme con su diagnóstico y recomendación.

Charlie padece ansiedad reactiva; es decir, se trata de una reacción de temor ante una situación concreta. En su caso, el desencadenante fue el infarto de su hermano y la angina de pecho que él sufrió unos años más tarde, que le confirmó todos sus temores. Su temor obsesivo no le impide llevar una vida plena. Su esposa parece muy feliz a su lado, y no me sorprende. Como cardiólogo que lo ha visitado durante dieciocho años puedo afirmar que Charlie es un hombre afectuoso, optimista, lleno de vitalidad y con un gran corazón.

Luis

El sentido de futuro está profundamente arraigado en los seres humanos. En cada momento pensamos sobre lo que vamos a hacer más tarde. Planificar razonablemente nuestro programa de vida es, por lo tanto, un ingrediente fundamental de nuestra tranquilidad, de nuestro equilibrio mental. Por eso, los sentimientos de incertidumbre, vulnerabilidad y miedo sacuden los cimientos de la confianza y la seguridad.

La angustiante incertidumbre

El sentido de futuro de Charlie cambió radicalmente el día en que le diagnosticaron la angina de pecho y el temor obsesivo a morir de un ataque al corazón se apoderó de él. El hecho de que su hermano menor hubiera sufrido un infarto también contribuyó a intensificar su ansiedad hipocondríaca. Que los hermanos menores se asomen a la muerte suele causar gran desconcierto y aprensión en sus hermanos mayores, pues altera el orden natural de las cosas, trastoca algo que consideramos ley de vida.

Desde aquel día, la inseguridad, la vulnerabilidad y la incertidumbre forman parte de la definición de quién es Charlie. Su dependencia de los médicos le ayuda a mantener el delicado equilibrio entre la esperanza que le alienta y el miedo a morir prematuramente que le perturba. Estoy seguro de que, desde el primer momento, la extroversión, la sociabilidad y la simpatía han sido cualidades temperamentales muy útiles para Charlie. No sólo le han ayudado a sobrellevar sus temores sino que también le han servido de herramientas para conseguir la atención y el apoyo emocional por parte de los cardiólogos a los que acudía continuamente.

Como inciso comentaré que no debe sorprender que Charlie encontrara sin dificultad doctores empeñados en recurrir al bisturí, a las agujas o a los catéteres, incluso cuando las ventajas de estos procedimientos no estuvieran muy claras. Y es que en esta sociedad abundan los médicos partidarios de las intervenciones, aunque sólo sean para confirmar un diagnóstico consabido o impresionar al enfermo con sus propiedades mágicas, especialmente si, de paso, esas prácticas acarrean un beneficio económico.

Cuanto más dependiente se sentía Charlie de los médicos para aliviar la angustia que le consumía, más crecía su temor a perder su apoyo y más se aferraba a ellos. Pese a la afabilidad y demás talentos sociales de Charlie, conozco bastantes médicos que no hubieran dudado en imponer límites a sus llamadas intempestivas y pesada dependencia. Ciertamente, Valentín no es uno de ellos. La prueba está en que Charlie se hizo adicto al sentimiento de seguridad reconfortante que recibía de Valentín y de su equipo (y del familiar que descolgara el teléfono cuando llamaba a su casa). De hecho, la excelente conexión con Valentín se convirtió no sólo en un eficaz ansiolítico sino también en el cable marinero que le aseguraba que en cualquier momento sería rescatado de las garras de la enfermedad.

Valentín era la principal fuente de información de Charlie, y la buena información alimenta la seguridad que nos permite soportar circunstancias inciertas. Nuestra confianza se basa en la fe que tenemos en el conocimiento y la honestidad de los informadores. La información más beneficiosa es la que separa claramente datos reales de especulaciones. La información es reparadora y útil si además incluye las medidas que podemos tomar para protegernos. Cuando adoptamos activamente medidas preventivas, nos sentimos más dueños de nuestro destino.

No todos gozamos de la misma capacidad de adaptación a la incertidumbre. La razón es que depende en gran medida de nuestra personalidad o manera de ser. La personalidad la manifestamos en nuestra forma habitual de sentir y de pensar, en nuestras defensas psicológicas, aspiraciones, actitudes y comportamientos. También es verdad que con motivación y esfuerzo, todos podemos aprender a hacernos más resistentes a las circunstancias adversas que se cruzan en nuestro camino y amenazan nuestro programa de vida. No obstante, en general, las personas sociables y con buen sentido del humor se adaptan mejor a la vida y la vida las trata mejor.

Beneficios de la extroversión

La extroversión es un rasgo caracterológico muy ventajoso. Fomenta la comunicación y las relaciones con otras personas y aporta los beneficios de la reciprocidad y la conectividad con los demás. Nos tranquiliza validar la realidad de las amenazas a la salud que nos estresan a través de las palabras. Por este motivo es tan importante que compartamos nuestros temores con otras personas, especialmente con los profesionales que nos conocen y nos cuidan. El objetivo es desahogarnos, entender mejor lo que está pasando y poner en perspectiva nuestras circunstancias.

Hablar es el método más sencillo para expresar nuestras emociones. Precisamente en situaciones estresantes, al expresar en voz alta los sentimientos que nos abruman y los temores que nos paralizan, reducimos su intensidad emocional y nos reconfortamos. Hablar es saludable. Fortalece nuestra capacidad para adaptarnos a los cambios y nos ayuda a superar las adversidades. Además, las personas que se sienten conectadas con otros superan los momentos difíciles mucho mejor que quienes se encuentran aislados. Gracias a las palabras, ningún ser humano es una isla.

Los individuos extrovertidos tienden a compartir con facilidad sus sentimientos, se involucran y conectan con los demás y, en consecuencia, gozan de mayor apoyo social. Las relaciones gratificantes fortifican la resistencia a las situaciones de incertidumbre. Los beneficiados no son sólo los que mantienen relaciones de pareja o familiares. Las amistades y la participación activa en organizaciones sociales también fomentan la estabilidad y la calma en las personas. Conectarse afectivamente con los demás, independientemente de quienes sean, constituye un antídoto muy eficaz contra los efectos nocivos de la inseguridad y el desasosiego. La unión y la comunicación con otros estimulan también el sentimiento de universalidad («esto no me pasa sólo a mí»). Estas valoraciones relativas nos ayudan a aliviar el estrés que normalmente generan las amenazas. Y es que la vulnerabilidad está hecha para ser compartida.

El sentido del humor es otro bálsamo protector. Incluso

el humor negro es saludable. Descubrir la comicidad de situaciones estresantes actúa de purgante psicológico que nos libera de temores angustiantes. A menudo, las situaciones de buen humor provocan en nosotros la risa. Este reflejo fascinante es un regalo de nuestra naturaleza que va incluido en nuestro equipaje al nacer. La función de la risa, además de representar nuestro júbilo, es liberarnos de la tensión que acumulamos y descargar la ansiedad y los miedos reprimidos. Una buena carcajada nos oxigena, alimenta en nosotros una perspectiva despegada de las frustraciones cotidianas y, en definitiva, nos alegra la vida.

Es evidente que la ansiedad no impedía a Charlie ser amable y complaciente con los médicos. Incluso en momentos de gran angustia en los que recurría a telefonear a Valentín a su casa, rebosaba de amabilidad y buen humor con quien fuera que atendiese su llamada. Son pocas las personas que consiguen llamar inoportunamente durante años a la casa particular de su médico sin provocar algún tipo de queja o de rechazo.

Charlie siempre fue afable y convincente. Sospecho que, como buen optimista, poseía el encanto de los mejores vendedores. Seguro que era un representante muy valorado por la empresa farmacéutica para la que trabajaba. Como todos los buenos comerciales, sabía muy bien que es fundamental mantenerse en contacto con los buenos clientes. Y en lo que atañe a la vida y la muerte, el tolerante cardiólogo se convirtió en su salvavidas.

Capítulo catorce
Víctor: hombre de 69 años con empresa familiar, crisis hipertensivas y disminución del deseo sexual

Valentín

Víctor, un empresario neoyorquino, vino por primera vez a mi consulta a los 59 años. Su presión arterial era un poco alta y Claudia, su esposa, quiso que yo lo examinara. Ya entonces me llamó la atención el hecho de que la mujer estaba muy pendiente de la salud de su marido. Claudia era la segunda esposa del empresario y llevaban nueve años felizmente casados.

Víctor había crecido en un pueblo industrial de Nueva Jersey. Sus padres trabajaban en una fábrica y la familia había pasado por muchas dificultades económicas. El joven tenía una visión innata para los negocios y a los 25 años ya había levantado una empresa con más de cuatrocientos trabajadores. Se casó joven, con una mujer que pertenecía a una conocida familia de Nueva York. La pareja tuvo dos hijas y un hijo. Al cumplir los 50 años, Víctor protagonizó un sonado divorcio que fue muy traumático para todos los implicados. Se separó de su esposa y se fue a vivir con Claudia, con quien no tardó en casarse. Los hijos, que en aquel momento estudiaban en la universidad, no aceptaron este segundo matrimonio y siempre pensaron que la mujer «no valía nada», especialmente en comparación con su madre. Los hijos no se explicaban cómo su padre, un hombre brillante e influyente, se había enamorado de alguien «tan vulgar». Debo añadir que Claudia no entra en el estereotipo de «segunda esposa». No era más atractiva ni más joven que la primera (de hecho, tenía la edad de su marido), ni tampoco más sofisticada.

Éste es el hombre que yo conocí: un empresario fuerte, optimista, inteligente e intuitivo, divorciado de su primera mujer, enamorado de la segunda, con problemas de relación con sus dos hijas y su hijo, y con un trastorno de hipertensión que no era grave y que traté con medicación.

Víctor volvió a mi consulta diez años después, a los 69 años. No lo reconocí. Se había convertido en la sombra de sí mismo. Sus problemas de hipertensión habían ido en aumento y los conflictos familiares habían desembocado en tragedia. Era un hombre derrotado.

Una de sus hijas había muerto repentinamente unos años antes por un problema cardíaco. Esa muerte supuso un duro golpe para toda la familia. Víctor estaba tan afectado que se negaba a hablar de ello con nadie. De hecho, parecía negar el fallecimiento de su hija; era como si no hubiera ocurrido. Y ésta no fue la única desgracia que había afligido a mi paciente. Su único hijo había sufrido un infarto cardíaco por consumo de cocaína. El joven había sobrevivido al infarto, pero él y su otra hermana seguían manteniendo una relación tensa con su padre y, en especial, con Claudia. En la empresa, la situación no era mejor. Los accionistas del negocio que Víctor había levantado con tanto esfuerzo le habían exigido que se jubilara y que cediera la presidencia a alguien más joven. En un primer momento, el hombre se resistió, pero ante la presión de los inversores no tuvo más remedio que ceder. Sabía que no podía contar con su hijo (éste había sido muy crítico al respecto y tenía su propio negocio), así que propuso a su hija para el cargo de presidenta, convencido de que ésta seguiría sus indicaciones. No fue así. Tan pronto como accedió al cargo y tuvo la confianza del consejo de dirección, decidió seguir sus propios criterios e ignorar las ideas de su padre, por considerar que su visión del negocio había quedado anticuada.

El pobre hombre, que en otro momento había sido un prodigio de fuerza y determinación, sufría una grave crisis de hipertensión arterial (con bajadas y subidas diarias, muy típicas de la persona estresada) y había perdido su deseo sexual. Víctor había somatizado todos los problemas familiares y empresariales.

Son conflictos típicos de esa edad: segundos matrimonios, problemas de relación con hijos adultos e independientes, achaques de salud y diferencias generacionales y confrontación con otros socios, accionistas y trabajadores de empresas fundadas décadas antes. Víctor, un hombre muy poderoso que estaba acostumbrado a «controlar», no podía controlar la vida de su hijo, ni las decisiones empresariales de su hija, ni los sentimientos de ambos hijos hacia su madrastra, ni su hipertensión, y sospecho que su sensación de total impotencia era la causa de la pérdida del apetito sexual.

Lo único que no le había fallado en su vida era su segunda mujer. Claudia era su punto de apoyo, la persona que le escuchaba, se preocupaba por él y le acompañaba a todas sus citas médicas. En mi opinión, era absurdo que los hijos intentaran destruir el pilar que sostenía al padre.

Era evidente que para controlar sus subidas y bajadas de hipertensión —y también sus problemas sexuales— teníamos que atacar primero el estrés que sufría como consecuencia de sus problemas familiares y empresariales. Le pregunté a Víctor si me daba permiso para reunirme con todos y cada uno de los miembros de su familia. Me dijo que sí.

Primero me senté con él. Le recomendé que aceptara la nueva situación en su empresa y que cediera paso a su hija. Le aconsejé que luchara por causas filantrópicas con la misma ilusión e intensidad con la que en su día levantó su negocio. Ya era millonario; ahora podía contribuir a cambiar la sociedad para mejor.

Días después hablé con la hija. Le expliqué que su padre había aceptado la situación y que entendía que de ahora en adelante sería ella la que tomaría las decisiones en la empresa. Sólo le pedí que fuera comprensiva y que intentara ser más tolerante con su padre y con su segunda esposa.

Sin duda, la reunión más difícil fue la que mantuve con el hijo. Cargaba con un gran peso emocional porque nunca se había sentido respetado por su padre. Su autoestima era baja, estaba muy resentido y, además, se sentía muy cercano a la madre (y consideraba que aceptar a la segunda mujer de su padre era una traición). Finalmente, comprendió que el hombre fuerte que en el pasado le había intimidado se había convertido, especialmente tras la dolorosa pérdida de una hija, en un hombre vulnerable. Y precisamente porque la vulnerabilidad y la debilidad no le eran ajenas pudo sentir compasión y empatía hacia su padre.

Los hijos fueron receptivos y entendieron que debían aprender a convivir con Claudia y que no tenía sentido darle la espalda.

Adaptarse a nuevas situaciones familiares

Desde entonces he seguido visitando a Víctor. Hoy es un hombre mucho más relajado y feliz. Esto me ha permitido controlar su hipertensión (su falta de deseo sexual desapareció cuando la relación con sus hijos mejoró, se desvinculó del negocio y recuperó el control de su vida).

La familia está más unida. La relación de los hijos con

Claudia es cordial. La hija se casó y tuvo dos niños. Algunos fines de semana, toda la familia se reúne en una casa que Víctor compró en Connecticut.

Tengo muchos pacientes con una edad comprendida entre los 60 y 70 años que tienen conflictos familiares. Es muy frecuente. A veces se trata de problemas latentes que explotan cuando los hijos son adultos y mis pacientes, adultos menos fuertes que antes. En la familia estadounidense —y hablo de ésta porque es la que mejor conozco— se dan muchas situaciones de competitividad y desconexión. No falla: cuando uno de mis pacientes de esa edad está ingresado en el hospital y empiezan a llegar sus hijos, procedentes de distintos puntos del país, pronto empiezan las discusiones entre todos ellos y son frecuentes las luchas por afán de poder o de dominación. Casos como el de Víctor me han hecho llegar a la conclusión de que existe a menudo un resquicio reversible en las problemáticas familiares profundas.

Víctor colabora en la actualidad con varias causas filantrópicas, la mayoría de ellas centradas en la atención y en la investigación psiquiátrica. Aunque sigue sin hablar abiertamente de la muerte de su hija, la dolorosa experiencia le ha permitido acercarse a organizaciones que ayudan a personas con problemas parecidos y a favorecer a entidades vinculadas al campo de la salud. Todo esto le ha ayudado a abrirse un poco más. Su contribución a la sociedad ha sido muy generosa y está teniendo un impacto muy positivo.

Luis

Víctor es un superviviente de tres de las adversidades más devastadoras que nos puede deparar la vida en nuestra cultura: la muerte de un hijo, la ruptura del matrimonio con hijos y el fracaso profesional en el seno de la propia empresa. Antes de comentar sobre los sucesos que nos relata Valentín y su intervención, me gustaría repasar brevemente y en términos generales las duras pruebas que superó nuestro hombre.

Pérdidas traumáticas y superación

Perder a un hijo es una experiencia demoledora que, en mi opinión, divide a la humanidad en dos grupos: los que la han vivido y los que no. Hace un par de siglos, los niños morían fácilmente y con frecuencia. En la vieja Europa, por ejemplo, uno de cada cuatro niños no alcanzaba los 15 años, pero ahora no es así. En la mayoría de los países industrializados, de cada cien recién nacidos, noventa y nueve llegan a adultos. Hoy, la muerte de un niño es antinatural, injusta. No tiene sentido. Es un error.

Cuando muere un hijo, los padres tratan desesperadamente de ajustarse a una realidad que no comprenden y para la que no existe preparación. La muerte de un hijo tiene, además, efectos profundos en toda la familia. En bastantes casos, las relaciones familiares se resienten o incluso se descomponen, abatidas por la confusión, el sufrimiento y la recriminación mutua.

Todos los padres buscan angustiados el significado de lo ocurrido, anhelan una justificación que les absuelva su culpa y les aplaque su pena. Algunos se sienten reconfortados por amigos comprensivos, otros se cobijan en la religión, que siempre ha hecho más llevadera la muerte de seres queridos. Los hay también que recurren a la naturaleza y se alivian al percibir el espíritu del hijo perdido en la brisa del mar o en la inmensidad de la montaña. El caso de Víctor ilustra el papel terapéutico que puede desempeñar el médico que se involucra. Con los años, casi todos hallarán una respuesta y encontrarán consuelo. Porque la mente humana, con sus antídotos de la desesperación, no descansa hasta encontrar una explicación que dé sentido a la tragedia y aplaque el tormento.

La muerte de la hija de Víctor supone realmente un aviso aterrador: ser un buen padre o una buena madre no es suficiente para proteger a los hijos. Nos recuerda, además, que nadie, por poderoso que sea, es inmune a los espasmos irracionales de la vida.

En cuanto al divorcio, romper un matrimonio en el que floreció y se marchitó el amor supone un trance espinoso, angustiante y arriesgado. Esto explica el que los índices de divorcio constituyan datos importantes a la hora de planificar la salud pública de un país, pues las parejas rotas tienen una mayor predisposición a sufrir una amplia gama de enfermedades físicas y mentales asociadas con el enorme estrés que ocasiona la ruptura. Precisamente, las personas en trance de disolver su relación consumen más píldoras para dormir y fármacos para aliviar la depresión, la ansiedad o los trastornos gastrointestinales que cualquier otro grupo de población.

La gran mayoría de las parejas se plantea el divorcio después de un agónico proceso plagado de decepciones y enfrentamientos. En cualquier caso, el sentimiento que predomina entre las parejas recientemente rotas es el odio. Es realmente sorprendente la aversión y el rencor que tantos ex cónyuges llegan a sentir el uno por el otro. A veces, las crueldades entre ellos son tan virulentas que ellos mismos llegan a cuestionar su sano juicio. Para los matrimonios con hijos la decisión es aún más dura, pues su bienestar no sólo es un motivo adicional de preocupación, sino que a menudo los utilizan como arma.

El divorcio también altera las relaciones entre padres e hijos. Pocos hijos esperan que sus padres se separen, y menos aún están preparados para el trance. La realidad es que, excepto los pequeños que sufren malos tratos a manos de sus progenitores, los hijos no perciben la ruptura de sus padres como una segunda oportunidad. Para ellos, especialmente si son pequeños, supone la pérdida del soporte cotidiano familiar. Algunos incluso sienten que su infancia se ha perdido para siempre, y este sentimiento de carencia impregna una gran parte de su dolor y su rabia. En mi experiencia, para muchos hijos, pequeños y mayores, el divorcio de los padres supone una injusticia, un agravio, por lo que su reacción suele ser de indignación y rebeldía, y a menudo toman partido por uno de los padres. En el caso de Víctor, sus hijos le culparon por ser incapaz de mantener unida a la familia.

Cuando el padre vive con otra mujer, las ex esposas/madres suelen sentirse amenazadas ante la idea de que los hijos la acepten, y más aún si la mujer desempeñó un papel importante en la ruptura. Y si el padre se casa con ella, la madre y algunos hijos lo perciben como una injusta y amarga imposición. Lo mismo ocurre cuando es la madre quien vive con otro hombre o contrae un segundo matrimonio. No es de extrañar que después del divorcio de Víctor, sus hijos despreciaran a Claudia y surgieran amargas tensiones familiares.

El resentimiento entre los divorciados suele tardar años en desaparecer. No obstante, con el tiempo, la mayoría logra reconstruir razonablemente sus vidas y entablar otras uniones afectivas gratificantes. Los hombres y las mujeres que toman la decisión de romper lo que de verdad buscan es construir una nueva vida afectiva y retornar algún día al emparejamiento feliz.

Como ya hemos comentado, los fracasos en el trabajo también constituyen un motivo de profundo estrés. Bastantes hombres y mujeres afirman que su trabajo les define y añade ilusión y significado a sus vidas. Por eso, el cese involuntario supone casi siempre un golpe devastador a su identidad y estado de ánimo. Daña la autoestima, la confianza y el sentido de control sobre la propia vida. Además, fomenta sentimientos de humillación, rechazo, incompetencia e inutilidad. La jubilación forzosa constituye un motivo especial de ansiedad y desánimo para quienes el trabajo representaba la fuente principal de gratificación personal y de reconocimiento social durante la mayor parte de su vida. Para muchos supone el retiro forzoso de la vida. Cuando esto ocurre en el seno de una empresa familiar (este también fue el caso de Isabel), la situación es aún más complicada, pues resulta imposible separar las prioridades de la familia y del negocio. La tensión entre los vínculos afectivos familiares y los intereses de la empresa alteran tanto en el equilibrio de la familia como en la estabilidad de la compañía.

Resiliencia

Víctor, un hombre tan poderoso y a la vez tan vulnerable, se enfrentó a situaciones muy traumáticas: la ruina de su matrimonio y la consiguiente desintegración familiar, incluyendo la grave drogadicción de su hijo, la muerte de su hija y el hundimiento de su liderazgo y su destitución de la empresa que él mismo había creado. Es razonable preguntarse: ¿Cómo explicar que esta serie de tragedias no lograran destruir su autoestima y abatirlo de una vez para siempre?

Igual que el recorrido impredecible que sigue la hoja al caer del árbol, el rumbo de nuestra vida se altera a menudo por inesperados infortunios que quiebran nuestro equilibrio vital. La capacidad para resistir y superar las adversidades, lo que en psicología se conoce como «resiliencia», es algo individual y depende de múltiples factores innatos y adquiridos.

Fuerzas biológicas, psicológicas y sociales modelan nuestra personalidad y nuestro modo particular de percibir y juzgar las circunstancias y los sucesos que nos afectan. Aparte de la naturaleza y gravedad de la experiencia estresante, el impacto depende del significado subjetivo que le demos al suceso que nos conmueve.

El peor veneno de la capacidad de superación es el sentimiento de indefensión. Las personas que se sienten indefensas ante la adversidad y piensan que hagan lo que hagan nada cambiará ni mejorará, con el tiempo son proclives a adoptar una disposición apática y derrotista, a «tirar la toalla». La conciencia prolongada de impotencia y desamparo es nefasta porque alimenta los sentimientos de debilidad y fracaso, consume la iniciativa y agota la esperanza. Está comprobado que las personas que disfrutan de un moderado sentido de control sobre sus circunstancias, aunque esto sea en gran medida fantasía, resisten mejor los ataques a su autoestima y se enfrentan más decidida y eficazmente a los problemas que quienes piensan que no controlan sus decisiones o que éstas no cuentan. Si creemos que mandamos sobre nuestras decisiones tendemos a transformar nuestros anhelos en desafíos y a confiar en nuestra capacidad para superar las barreras que se interponen en nuestro camino.

En circunstancias adversas, como las que rodeaban a Víctor en su segunda visita a Valentín, la mejor ayuda que podemos recibir es la que incluye comprensión, apoyo afectivo y estímulo para recuperar la capacidad de dirigir, nosotros mismos, nuestro barco. De hecho, estudios en muchos supervivientes del holocausto demuestran que el que hubiese una persona que les diese apoyo afectivo incondicional fue la clave de su resistencia. En los momentos más bajos, y tormentosos, la conexión afectiva con otra persona se convierte en el salvavidas. En el caso de Víctor es evidente que su sólida y feliz relación con Claudia fue un factor protector decisivo.

Además, como en casos anteriores, Valentín supo utilizar su poder de persuasión personal y la autoridad que le infundía ser un reconocido cardiólogo para captar la confianza familiar. En el momento decisivo, todos le escucharon, lo que les permitió darse cuenta de que las cosas habían cambiado. Víctor, el padre todopoderoso, ya no era el mismo de hacía veinte años.

Valentín fue capaz de convencer a los hijos de que ellos habían ganado la competición y su poderoso padre había sido derrotado. Y en el triunfo les convenció de que había llegado la hora de la reconciliación y la generosidad. Finalmente, tocaba perdonar, pasar página y abrir un nuevo capítulo en la dinámica familiar. Este momento cargado de esperanza y de drama me hace recordar una frase de Oscar Wilde en *El retrato de Dorian Gray*: «Los niños empiezan queriendo a sus padres; a medida que se hacen mayores los juzgan; y a veces los perdonan.»

Cuando reflexionamos sobre los avatares de la vida de Víctor, nos enfrentamos, por un lado, a la vulnerabilidad humana ante las adversidades incontrolables que nos acosan durante nuestro paso por el mundo; pero, por otro, nos reconfortamos y maravillamos ante nuestra extraordinaria capacidad de adaptación y recuperación. Gracias a esta sorprendente resiliencia, son muchas las personas que no sólo superan terribles infortunios, sino que, además, experimentan cambios positivos en sus vidas. Entre los beneficios más frecuentes se encuentran el fortalecimiento de las relaciones con los demás. Algunos descubren en ellos mismos facetas creativas o altruistas que desconocían. Otros afirman que disfrutan más que antes de las pequeñas cosas que ofrece el día a día.

Quiza ésta sea la base del viejo proverbio chino: «Abundantes beneficios esperan a quienes descubren el secreto de encontrar la oportunidad en la crisis.» Lo cierto es que cada día se acumula más evidencia de que existe un «crecimiento postraumático». Todos conocemos personas que de alguna forma, logran convertir la experiencia traumática en un centro vital alrededor del cual reorganizan sus prioridades y configuran una nueva vida más gratificante.

Capítulo quince

Óscar: hombre solitario de 72 años con dolor en el pecho

Valentín

A lo largo de cuarenta años de práctica profesional he examinado a cientos de pacientes con personalidades muy diversas y en circunstancias muy distintas. Sin embargo, creo que he tenido pocos enfermos tan exigentes, difíciles y arrogantes como Óscar.

Reconozco que en nuestro primer encuentro, Óscar me intimidó. Se presentó como el presidente de una importante compañía aseguradora, me miró de la cabeza a los pies y, con cara de pocos amigos, me avanzó que todos los médicos que lo habían tratado hasta la fecha eran unos incompetentes. Añadió que «alguien» le había hablado bien de mí, y que tenía la esperanza de que yo fuera menos incompetente que los otros compañeros de profesión. No supe cómo reaccionar y necesité unos minutos para recuperar la serenidad y entablar un diálogo con un hombre que mostraba una actitud tan crítica y amenazadora.

Por aquel entonces, Óscar tenía 72 años, estaba soltero y parecía un individuo muy solitario. Me explicó que unos ocho años antes fumaba dos paquetes de tabaco diarios (cuando lo conocí, aún fumaba medio paquete diario) y empezó a notar un intenso dolor de pecho cuando hacía algún esfuerzo. Me contó que, hasta la fecha, nadie había podido descubrir la causa de esta dolencia.

Revisé las pruebas médicas que le habían realizado otros cardiólogos a lo largo de los años. En una ocasión le realizaron una angiografía. Como hemos comentado con anterioridad, la angiografía es una intervención que sirve para detectar si las arterias del corazón están obstruidas. Se inserta un catéter en una arteria del brazo o de la ingle del paciente y desde allí se lleva cuidadosamente hasta el corazón. Se inyecta un líquido de contraste para evaluar cómo fluye la sangre a través del corazón. Los facultativos detectaron en Óscar lesiones de tipo moderado en dos arterias y decidieron operar.

En realidad, es difícil afirmar que estas lesiones fueran la causa del dolor. Normalmente, cuando dos arterias están obstruidas y se decide que es necesario intervenir, se apuesta por una angioplastia, ya que es la intervención menos agresiva para este tipo de casos. Para mi sorpresa, al revisar su expediente médico, ésta no fue la intervención que le practicaron, sino que apostaron por la cirugía del *bypass* coronario, una operación más compleja. En este procedimiento se toman las venas de las extremidades inferiores y se injertan en el corazón para proporcionar una ruta de circulación de la sangre alrededor de las arterias coronarias obstruidas. Al hombre le habían practicado un doble *bypass*.

Le pregunté a Óscar si conocía el motivo que llevó a los médicos a decantarse por la operación más drástica. Su respuesta es clave para entender la personalidad del hombre: «Les convencí de que o todo o nada.»

Lo cierto es que la operación de doble *bypass* no alivió sus intensos dolores de pecho. Tres años más tarde, Óscar acudió a otro médico y le «exigió» que le volviera a realizar pruebas. De hecho, en esta ocasión también convenció al equipo que lo atendía de que le practicaran una angioplastia. Una vez más, me sorprendió uno de sus comentarios: «Todos coincidíamos en que ésta era la intervención más adecuada.» Digo que me sorprendió porque el hombre no es médico y empecé a intuir que valoraba más sus propias opiniones sobre la cardiología que las que pudieran tener mis compañeros de profesión. Óscar dirigía a los médicos.

Los dolores no cesaron, y fue entonces cuando se presentó en mi consulta. Le realicé distintas pruebas y llegué a la conclusión de que en el supuesto de que tuviera alguna anomalía en el corazón, ésta era benigna.

Había algo en la historia de aquel hombre que no me cuadraba y llamé a un amigo mío que trabaja en la compañía de seguros que Óscar supuestamente presidía. Mi paciente me había mentido; en realidad, tenía un cargo intermedio en el departamento de contabilidad y recientemente lo habían jubilado. Me temo que el contacto con sus compañeros de trabajo era la única relación humana que mi paciente tenía en su día a día y al jubilarse se quedó muy solo.

Así que cuando le comuniqué los resultados de las pruebas, le di dos consejos; me temo que el segundo fue más original que el primero. Le trasmití que era difícil determinar el origen de sus dolores de pecho pero que, en cualquier caso, su vida no corría peligro. Le prometí que lo examinaría regularmente para que se quedara más tranquilo. En cuanto al segundo consejo, ignoro qué me llevó a proponerle lo que le propuse. Le comenté que, a mi parecer, debía relacionarse más con gente y que le beneficiaría apuntarse a algún curso o actividad que le ayudara a socializar. Hasta aquí bien. Pero, además, se me ocurrió sugerirle que se comprara «un perro, un gato o una cotorra como mascota». Llegados a este punto, el hombre se enfureció, me dijo que, como los demás médicos, yo tampoco sabía lo que hacía y que no me entrometiera en su vida privada. La situación me resultó muy violenta, pero Óscar siguió viniendo a la consulta.

Durante dos años no tuvimos ningún otro encontronazo, pero un fin de semana todo se complicó. Me habían invitado a dar una conferencia fuera de la ciudad y, casualmente, mi secretaria estaba enferma. El hombre sintió uno de sus habituales dolores de pecho, llamó a mi consulta y no pudo hablar ni con mi secretaria ni conmigo, sus dos únicos interlocutores en el hospital (de hecho, aunque soy el primero en reconocer que mi secretaria debería haber sido sustituida ese día, los pacientes tienen un teléfono general que les da acceso a otros miembros de mi equipo médico, y uno de los problemas fue que Óscar se empeñó en hablar con las dos personas que conocía y ninguna de las dos estaba allí).

Consiguió localizarme un día más tarde cuando yo aún no estaba en la ciudad. A gritos me comentó por teléfono que «estaba indignado y que no estaba acostumbrado a tratar con irresponsables». Llamé a un médico de mi equipo para que lo examinara. Le encontró una moderada lesión coronaria que no revestía ninguna gravedad. Sin embargo, Óscar lo convenció para que le practicara otra angioplastia.

A mi regreso, me reuní con mi equipo y les advertí que ese paciente tenía una personalidad fuerte. Les indiqué que si atendían a Óscar en el futuro no podían realizarle ninguna intervención sin mi consentimiento, pese a que el hombre insistiera y llegara a intimidarles. Precisamente, esto es lo que ocurrió dos semanas más tarde. Óscar volvió a presentarse en el hospital con dolor de pecho y exigía que el equipo que estaba de guardia lo interviniera de inmediato. Los médicos se negaron. Óscar me llamó muy enfadado para echarme en cara que los médicos de mi equipo «eran unos inútiles y que se iba a otro hospital donde lo trataran mejor».

Me gustaría comentar que para atender a pacientes exigentes y controladores es conveniente que el médico comparta con todo su equipo médico no sólo sus historias clínicas sino también los detalles sobre su personalidad y los posibles incidentes que puedan ocurrir como consecuencia de ésta. Así, si el paciente se presenta de improviso y solicita tratamiento, el personal médico sabrá atenderlo, no sólo desde un punto de vista físico sino también emocional.

Efectivamente, Óscar se marchó a otro hospital, y durante dos años no he tenido noticias. Sin embargo, hace tres semanas llamó a mi secretaria y pidió hora para una visita. Al enterarse, las enfermeras empezaron a temblar. Me temía que el nuevo cardiólogo tampoco había conseguido satisfacer las exigencias de Óscar e intuía que pronto volvería a ser mi paciente. Y así fue: lo visité de nuevo y en esta ocasión me pareció que estaba más calmado. Creo que finalmente se ha cansado de «luchar» contra la profesión médica.

Muros y caparazones del paciente que sufre

La verdad es que a mí no me importa volver a tener a Óscar de paciente pese a su mal humor. Sé que no es nada personal. Supongo que en parte es cuestión de carácter, pero mi filosofía es que detrás de un paciente malhumorado, exigente y déspota hay un hombre que sufre y que se ha construido un gran caparazón de ira para combatir su dolor.

Como cardiólogo atiendo con frecuencia a personas que están solas. El aislamiento, la falta de comunicación lleva al individuo a un estado de negatividad que el sistema médico se ve incapaz de parar. Son individuos muy exigentes y, de hecho, el médico nunca podrá llegar a satisfacer sus expectativas porque, en el fondo, a estas personas les puedes curar el corazón, pero no la soledad y el resentimiento.

Óscar es un hombre amargado e infeliz. Sus dolores en el pecho son una forma de llamar la atención. Se sentía mal, abandonado por todos, y sus frecuentes visitas al hospital eran una vía de conexión con un grupo de personas que se preocuparían por su salud y que lo atenderían cualquier día y a cualquier hora.

Luis

Los médicos no pueden evitar tener sentimientos negativos hacia ciertos pacientes. Es verdad que el ideal proverbial del médico es «saberlo todo, amarlo todo y curarlo todo». También es cierto que los pocos libros de Medicina que analizan los sentimientos negativos que provocan algunos pacientes en sus cuidadores insisten en que deben ser ignorados y sustituidos por compasión, sinceridad y comprensión. Y si estos sentimientos interfieren en la objetividad del médico, lo correcto es derivar el paciente a un colega que pueda soportarlo. Sin embargo, estas sensatas recomendaciones a menudo chocan con las realidades cotidianas de atender a personas enfermas de difícil carácter.

La reacción emocional del médico respecto a sus pacientes no es algo que se pueda descartar, ni es prudente pretender que no existe. Es un hecho aceptado que incluso las buenas madres inevitablemente sienten en algún momento rechazo hacia sus hijos pequeños exigentes o en los momentos en que se ponen muy testarudos, pesados o inaguantables.

La Psiquiatría es la única rama de la Medicina que ha estudiado a fondo la parte negativa de la relación entre el médico y el paciente. A principios del siglo pasado, Sigmund Freud, padre del psicoanálisis, acuñó el término *contratransferencia* para definir la reacción sexual del psiquiatra hacia el paciente producida por conflictos emocionales inconscientes del doctor. Décadas después, el significado de esta palabra se amplió y hoy engloba una amplia gama de sentimientos contraproducentes del profesional hacia el paciente que interfieren en la objetividad y eficacia del facultativo. Estos sentimientos inoportunos pueden ser tanto conscientes como inconscientes.

No cabe la menor duda de que ciertos pacientes provocan en los cuidadores sentimientos de hostilidad, impotencia o culpa, e incluso estimulan en ellos actitudes impropias o intentos tan desesperados como improcedentes de eludirlos.

Dependencia fastidiosa

El comportamiento recurrente de Óscar es típico de pacientes que podríamos llamar «insoportables». Su denominador común es su insaciable y molesta superdependencia, que se manifiesta en actitudes y conductas caprichosas, desafiantes, despóticas o ingratas hacia el médico. Las personas como Óscar tienen gran dificultad para entablar y mantener relaciones afectivas estables. Son a la vez dependientes y exigentes. Se arrogan a sí mismos el derecho de recibir día y noche la atención exclusiva, total y absoluta por parte de la otra persona. Ante el médico utilizan la intimidación y la producción de culpa en el facultativo para conseguir que éste acepte el papel de fuente perenne e inagotable de ánimo y consuelo.

Óscar pertenece al grupo de personalidades narcisistas dependientes. El ciclo que regula su conducta comienza con el hecho de que es un hombre emocionalmente inseguro, solitario y muy dependiente de los demás, pero como buen narcisista detesta su dependencia. Para aliviar esta contradicción, intenta romper inconscientemente los lazos de dependencia rechazando y humillando a las personas de las que depende.

El resultado es un sentimiento aún más angustiante de inseguridad y soledad. Óscar somatiza o transforma sin darse cuenta esta angustia en dolores de pecho, un dolor que le sirve de billete de entrada para volver al principio del ciclo y agarrarse y depender de otra persona. Estoy seguro de que este círculo vicioso ocurre en todas sus relaciones afectivas con los demás, pero se hace especialmente evidente con los médicos, pues son relaciones que implican vulnerabilidad, incertidumbre y miedo a la muerte.

Para Óscar, las molestias en el tórax son la única forma legítima de buscar y obtener atención de las personas que le rodean, y sobre todo de los profesionales de la Medicina. Cuando con esta estrategia no logra obtener la atención exclusiva de los demás, Óscar interpreta la más mínima señal de rechazo como total abandono. Esto explicaría su furia ante la dificultad de contactar de inmediato con Valentín.

Valentín captó perfectamente la tremenda soledad de Óscar. La sugerencia de que aumentase su vida social o incluso tuviera una mascota fue acertada. Pero lo que Valentín no anticipó fue que la necesidad de Óscar de depender de él provocaría semejante respuesta de indignación y rabia. Sin embargo, la reacción de Óscar era de esperar. Al margen de sorprenderle —muy pocas personas esperan que el cardiólogo les recete la compañía de un animal—, Valentín dio con el dedo en la llaga. Sacó a relucir el verdadero tema que atormentaba a Óscar: la profunda ambivalencia que sentía ante su soledad y su ansia de conectar con los demás.

Para asegurarse la sumisión del médico, las personas como Óscar transmiten sutiles amenazas de castigo, bien sea con el pago moroso de la minuta o mencionando indirectamente la posibilidad de pleitos. Sin embargo, estos pacientes no son conscientes de la profunda dependencia que alimenta su insolencia y ataques a los médicos. Por su parte, los facultativos no se dan cuenta de que las raíces de la hostilidad del paciente se nutren en realidad de su terror al abandono. A menudo estos pacientes actúan como si fuesen superiores. Naturalmente, su arrogancia y su creencia de que tienen el derecho a ver cumplidos todos sus deseos producen una mezcla de resentimiento, culpa y rabia en el médico, que se ve obligado a capitular o a rendirse y entregar su sentimiento de omnipotencia y competencia.

La verdad es que estos enfermos recurren a la arrogancia y a la exigencia en su esfuerzo inconsciente por mantener su equilibrio mental en circunstancias amenazantes o ante una enfermedad que les aterroriza. En el fondo, para estas personas dependientes, la prepotencia sirve la misma función que la fe y la esperanza en personas más maduras y adaptables. En este sentido, es el mecanismo de defensa que les protege.

Empatía hacia el paciente «insoportable»

Sentir empatía hacia una persona que nos grita y amenaza supone un enorme reto para cualquiera, y no menos para un profesional de la Medicina. No obstante, si logramos ponernos en la piel de esa persona, captar su sufrimiento y entender que los comportamientos agresivos y desagradables son su forma torpe de expresar el miedo a la soledad y la dependencia, las posibilidades de comunicarnos y de intervenir con eficacia aumentan.

Valentín era consciente del sufrimiento de Óscar y quería que se abriera. Su deseo es compresible, pero imposible de satisfacer en tan breve espacio de tiempo. Óscar había estado construyendo su ciclo de defensa durante toda una vida y lo había protegido con el fuerte e impenetrable caparazón contra el que Valentín había topado.

Hay personas que debido a su profunda e insaciable dependencia, manifiestan una variedad de comportamientos irracionales, fastidiosos o incluso hostiles, y provocan sentimientos negativos en las personas cercanas, y concretamente en los médicos que les atienden. Pese al desafío que nos plantean estos pacientes, sus comportamientos nos enseñan la importancia de ser conscientes de las emociones que causan en nosotros y planificar cuidadosamente nuestras respuestas y conductas hacia ellos. Está demostrado que cuando los médicos negamos o ignoramos los sentimientos que los pacientes «insoportables» suscitan en nosotros, aumentan las probabilidades de que cometamos errores en el diagnóstico y el tratamiento de sus enfermedades.

Capítulo dieciséis

Ernest: hombre optimista de 70 años, operado del corazón y enfermo de cáncer

Valentín

Mi relación con Ernest se remonta a los años ochenta. Recuerdo perfectamente la primera vez que entró en mi consulta acompañado de su segunda esposa. Entonces, aquel hombre había cumplido 50 años y su mujer, 30. Ernest tenía su propio negocio de restauración de cuadros y joyas antiguas. Por aquel entonces, mi paciente ya estaba preocupado por el ambiente familiar. La relación entre su segunda esposa y las dos hijas que tenía de su primer matrimonio era muy tensa. Esa tirantez se intensificó y se hizo más evidente unos años más tarde, cuando la pareja tuvo dos niños.

Ernest vino a verme porque le habían diagnosticado una anomalía que en Medicina se llama prolapso de la válvula mitral y buscaba una segunda opinión. La válvula mitral separa la aurícula izquierda y el ventrículo izquierdo, las dos cámaras del lado izquierdo del corazón; se abre y se cierra, y así controla el flujo de sangre entre ellas. La sangre fluye en una sola dirección: de la aurícula al ventrículo. Cuando la válvula mitral no funciona bien, la sangre no circula como debe, retrocede del ventrículo hacia la aurícula, se acumula y puede, en casos graves, inundar los pulmones produciendo dificultades en la respiración, particularmente durante el ejercicio.

Son muchas las personas con esta anomalía que no necesitan pasar por el quirófano. De hecho, tanto el médico que le había diagnosticado a Ernest el prolapso de la válvula mitral como un segundo médico que también lo examinó llegaron a la conclusión de que no se tenía que operar.

Mi opinión fue justo la contraria. Al realizarle un examen físico, noté que las venas del cuello se movían; esto indica que la válvula mitral defectuosa estaba afectando también a la parte derecha del corazón y al pulmón. Pude confirmar mi diagnóstico con un cateterismo cardíaco. Efectivamente, la sangre retrocedía, el lado derecho del corazón sufría y, como consecuencia de todo ello, también tenía una presión pulmonar alta. Decidí que se tenía que operar para reparar la válvula que pudiera corregir el flujo de sangre. A las pocas semanas de la intervención, Ernest ya se encontraba en plena forma y me preguntaba si podía subirse a su bicicleta. Casualmente, le gustaba el ciclismo tanto como a mí. No soy partidario de la amistad estrecha entre médico y paciente, y debo reconocer que el hombre «se coló» en mí vida con su optimismo y energía. Solíamos quedar para cenar con nuestras esposas. Un verano nos fuimos a Austria con nuestras familias y disfrutamos juntos una semana de vacaciones.

A mis pacientes siempre les digo que por mucho que confíen en mí, tienen que recordar que soy cardiólogo y necesitan a un médico de cabecera. De lo contrario, me convierto en su médico general y me llaman cuando tienen resfriados o fiebre. Es una situación que debe evitarse, entre otros motivos porque las consultas telefónicas llevan a errores. Y es un problema cuando el paciente es tu amigo. Ernest me llamaba a menudo por cuestiones que no tenían nada que ver con su corazón. Por ejemplo, recuerdo que en una ocasión le recomendé la dosis de Viagra que debía tomar. Así que no me extrañó que me llamara un día quejándose de fuertes dolores de espalda. Por aquel entonces, Ernest tenía 65 años. Vino al hospital, le hicimos distintos exámenes y detectamos que tenía cáncer de pulmón y metástasis ósea. El hombre tenía una actitud tan positiva ante la vida que aceptó el diagnóstico y fue un paciente modélico durante el tratamiento de radioterapia y quimioterapia. Su cuerpo respondió muy bien y durante un tiempo pareció que la enfermedad estaba bajo control.

Sin embargo, unos años más tarde me llamó la esposa. De repente el hombre tenía dificultades para hablar y para mantener la estabilidad. Ingresó en el hospital y le diagnosticamos una hemorragia cerebral (en una parte del cerebro con metástasis).

Los años de profesión me han enseñado que el médico tiene que ser preciso con el diagnóstico y prudente con el pronóstico de las enfermedades de sus pacientes. Cada cuerpo es distinto y es imposible prever con precisión cómo reaccionará a determinada enfermedad y a determinados tratamientos. A Ernest lo ingresamos en el hospital para que pudiera hacer rehabilitación neurológica. Dos semanas más tarde nos tuvimos que rendir a la evidencia de que tras la rehabilitación, había empeorado.

Ante esta situación, el médico y la familia del paciente se enfrentan a la siguiente encrucijada: ¿El paciente debe permanecer en el hospital o irse a casa? Ernest permaneció en el hospital y cuatro semanas más tarde entró en coma.

Fue entonces, cuando peor estaba mi amigo, cuando todo explotó. En cuestión de horas, llegaron al hospital sus cuatro hijos: las dos hijas del primer matrimonio, por un lado, y los dos hijos del segundo, por el otro. Ellas tenían 29 y 28 años, y ellos, 19 y 18. Me reuní con la esposa y los cuatro hijos y les di mi opinión: Ernest estaría mejor en casa, con el apoyo de un grupo de cuidados paliativos que asistieran al enfermo en todo momento.

figura 12

LOS TRES GRANDES TIPOS DE ICTUS

Hemorragia cerebral
Un vaso sanguíneo se rompe en el cerebro e inunda de sangre los tejidos vecinos.

Embolia
Un coágulo procedente de otro órgano que llega transportado por la sangre obstruye una arteria del cerebro.

Trombo in situ
Se forma un coágulo sobre una placa de una arteria del cerebro y la obstruye.

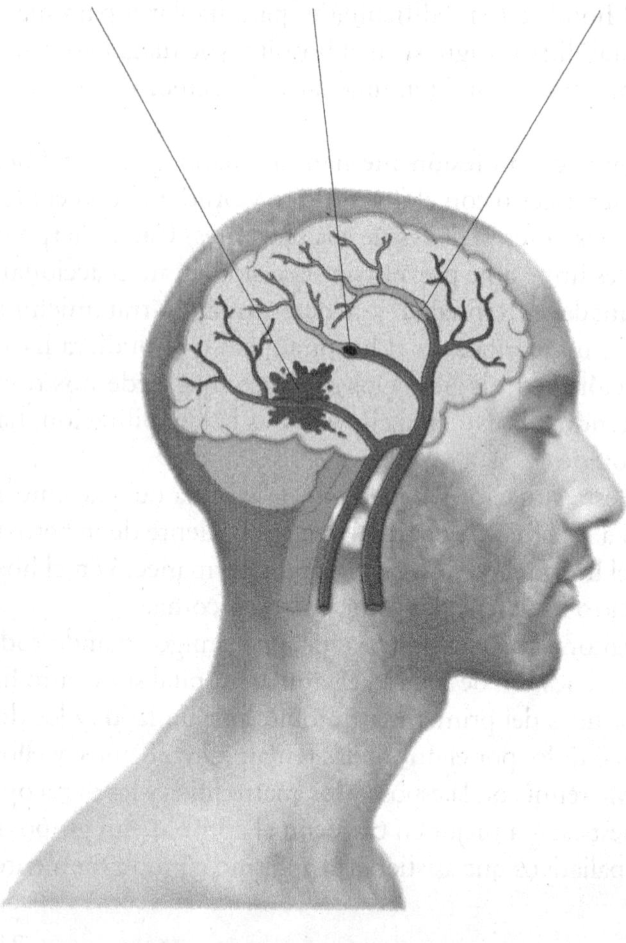

Un médico de la unidad de cuidados paliativos estuvo totalmente de acuerdo conmigo. La esposa de mi amigo y sus dos hijos estaban dispuestos a hacerlo así; las dos hijas del primer matrimonio, no. Una de ellas, la mayor, quería que se hiciera todo lo posible para recuperarlo y bajo ningún concepto quería que su padre saliera del hospital para morirse.

Debido a la falta de acuerdo y a mi amistad con Ernest y con su segunda esposa, decidí que lo mejor era llamar a un segundo médico más neutral. Tras estudiar el caso, un neurólogo del hospital llegó a la misma conclusión que yo. La hija mayor tampoco aceptó esta opinión y decidió llamar a un tercer médico, una eminencia en el campo de la Medicina.

Todos estos encuentros y desencuentros se sucedieron en cuestión de horas. De hecho, ese tercer médico nunca llegó a tiempo. El hombre estaba fuera de la ciudad y mientras lo esperábamos todos en la habitación de Ernest, éste tuvo un paro cardíaco. En contra de mi voluntad, y a petición de la hija mayor, fue resucitado por el equipo médico que lo atendía. Sobrevivió a este primer paro, pero a las dos horas sufrió otro y en esta ocasión su esposa, con mi apoyo, decidió que no fuera resucitado.

La importancia de las últimas voluntades

Mi experiencia como médico me demuestra que, en situaciones de crisis, las tensiones familiares tienden a aumentar. Para el equipo de facultativos que atienden a un paciente grave es desesperante tener que lidiar con una situación de caos y con familiares que discuten y que son incapaces de alcanzar un consenso. Estas situaciones son típicas en pacientes que tienen hijos de distintos matrimonios, pero la verdad es que también me encuentro frecuentemente con hijos de una misma pareja que discuten y compiten para que su opinión prevalezca por encima de la de sus hermanos. Las discusiones van en aumento cuando hay dinero o una empresa familiar de por medio.

Por este motivo, todos deberíamos redactar un escrito de últimas voluntades que designe a una persona que las pueda ejecutar si caemos enfermos e incluso inconscientes. Ernest, como la mayoría de las personas optimistas, no había dejado nada escrito. La hija mayor nunca aceptó que su padre no hubiera sido resucitado cuando sufrió el segundo paro cardíaco. De hecho, poco después me puso una demanda. El abogado que contrató le aconsejó que la retirara porque ningún juez la hubiera estimado.

Luis

La amistad entre médico y paciente no es aconsejable porque la confianza y el afecto a menudo interfieren en la capacidad del médico de discernir y valorar objetivamente el problema. Sin embargo, a veces hay pacientes que se cuelan en nuestras vidas. En el caso de un psiquiatra (o un psicólogo), mantener una saludable distancia afectiva del paciente es aún más importante. Por una parte, la evaluación psiquiátrica casi siempre requiere que el paciente revele ideas, opiniones, fantasías y emociones muy íntimas y personales con la seguridad de que el facultativo no va a enjuiciarlas como haría un amigo o familiar. Por la otra, el instrumento primordial de la psicoterapia es precisamente la relación que establece el psiquiatra con el paciente. Es fundamental, pues, que esta relación terapéutica no esté contaminada de sentimientos ajenos a la situación o moldeada por vínculos anteriores de amistad.

Creo que lo más significativo de la historia de Ernest es

que ilustra vivamente muchos de los aspectos del trance personal y familiar, y el desafío médico que supone la muerte en la sociedad urbana de nuestro tiempo. Mientras que los enfermos de antaño morían en casa, rodeados de parientes y amigos, en la actualidad la mayoría suele fallecer en el hospital, conectados a un sinfín de cables y tubos, líneas vitales de sustentamiento, privados de un final tranquilo y digno junto a sus seres queridos. La cultura hospitalaria casi nunca permite al enfermo presentir la agonía, ni a los familiares participar de sus últimos momentos y compartir el rito personal y social que siempre ha acompañado a la muerte.

Medicina y muerte

Es evidente que los avances de la ciencia médica han contribuido a la victoria de la longevidad del ser humano, pero también a la deshumanización del proceso de la muerte. Pienso que en nuestro empeño por vencer el aspecto más indómito de la naturaleza, no presagiamos que detrás de la promesa de una larga vida, se oculta la amenaza de una agonía lenta e intolerable. En mi opinión, mantener a una persona viva artificialmente en contra de sus deseos o ignorando sus sentimientos es una decisión que niega la condición finita de la existencia humana a cambio de una aventura frívola de omnipotencia tecnológica.

La cuestión de si la persona tiene o no el derecho a decidir cuándo y cómo quiere terminar su vida provoca intensas emociones y amargas polémicas. Mientras que muchos están convencidos de que la decisión constituye una de las libertades más básicas y elementales, otros consideran que la muerte provocada, aunque sea voluntariamente y en personas cuerdas que sufren una aflicción dolorosa e incurable, es algo intrínsecamente inmoral e inaceptable en una sociedad civilizada.

Hay gente que, por razones religiosas, se opone vehementemente a la opción de la muerte asistida. Para estas personas, la prohibición divina de controlar la muerte es clara y absoluta, e independientemente del sufrimiento del enfermo y de la incurabilidad de su aflicción, provocar la muerte nunca constituye un acto misericordioso. La vida posee un valor infinito y acortarla es siempre inmoral. Otros citan el célebre juramento de Hipócrates de hace 2.500 años: «Nunca proporcionaré una droga mortal a persona alguna, aunque lo solicite, ni tampoco sugeriré semejante acción.» No pocos añaden que el hecho de que la sociedad acepte la noción de que la Medicina pueda disponer de la vida de un enfermo, aunque éste lo solicite, degenerará en la devaluación de la existencia humana y en una forma de eutanasia social motivada por la mera conveniencia económica. Por ejemplo, se teme que las instituciones sanitarias lleguen a negar a las personas que carecen de seguro de enfermedad o de recursos para afrontar los enormes costes de los cuidados médicos avanzados, tratamientos de alta tecnología que requieren ciertas enfermedades graves. También abunda el temor de que ciertos enfermos, preocupados por la carga económica y emocional que supone su dolencia para la familia, interpreten la opción de morir como un deber y se vean obligados a solicitar la eutanasia por temor a ser considerados egoístas o, simplemente, cobardes.

No existe situación que ponga más a prueba el humanismo en el médico que la muerte de un paciente. Instruidos en el arte y la ciencia de curar enfermedades y prolongar la vida, muchos médicos evaden al enfermo agonizante porque les confronta en silencio con la dura realidad de su ignorancia e impotencia. Otros, en su empeño por protegerse del miedo a morir, se distancian de los pacientes que se enfrentan a su fin. De paso, también se roban la ocasión de ponerse en contacto con una parte esencial de su humanidad.

En el fondo, casi olvidamos que la muerte es un evento normal en la cadena de ritmo de la naturaleza. Es el cese del funcionamiento del cuerpo que se produce cuando la agotadora batalla contra la enfermedad se pierde. Pero el enemigo del desahuciado no es la muerte, ni siquiera la enfermedad. El adversario más aterrador del moribundo es la soledad, el dolor y la indignidad. Sospecho que esto explica el que cada día se escuche con más intensidad el clamor de la sociedad que pide ayuda médica en el trance de la muerte.

Estoy convencido de que la intensidad y acritud del debate actual sobre el derecho a morir disminuirían considerablemente si la sociedad, los médicos y demás profesionales de la sanidad prestaran mayor atención a cómo mitigar el sufrimiento y la soledad del enfermo terminal, si concedieran a los valores y deseos del paciente el respeto que se merecen, y si enfocaran la muerte del ser humano con más interés y compasión.

Las vicisitudes finales de Ernest reflejan cómo gracias a los avances de la tecnología médica, la muerte está pasando gradualmente de ser un suceso natural a ser una decisión humana. También representan el gran desafío que plantea la muerte a la relación entre el médico, el paciente y sus familiares.

Conflictos familiares y testamento vital

Los familiares desempeñan un papel fundamental en la opción de morir, especialmente cuando se trata de un enfermo mentalmente incapacitado, ya que suelen ser quienes mejor conocen las aspiraciones y prioridades del moribundo. Esto no quita que cuando un ser querido se encuentra en la antesala del final, los familiares más cercanos experimenten sentimientos tan abrumadores como conflictivos.

El caso de Ernest también nos enseña que cuando muere

un padre, es muy común que los hijos incorporen a su proceso de duelo disputas y luchas muy amargas. Un motivo evidente es que se sienten abandonados y albergan inconscientemente la esperanza de que sus sentimientos de pérdida y dolor puedan compensarse con los bienes del difunto. Otro motivo es que los hijos vuelven a reproducir las rivalidades fraternales de la infancia y sus pugnas por el cariño preferencial del padre. Esto da lugar a sentimientos de codicia y envidia hacia los hermanos, sobre todo contra los más beneficiados o mejor situados económicamente. Aunque muchos de estos enfrentamientos y conflictos suelen ser impulsivos y no se prestan a soluciones razonadas o arbitradas, también es verdad que en gran medida se pueden minimizar a priori; esto es, si los progenitores dejan un testamento vital o registran sus últimas voluntades en relación con la muerte.

Sin embargo, programar nuestra propia muerte no es nada fácil. Como reza el dicho, «todos queremos ir al cielo, pero nadie se quiere morir». Por otra parte, en el inconsciente casi todos albergamos la ilusión de la inmortalidad. De hecho, los seres humanos dedicamos una enorme cantidad de energía mental a evadir o negar la fatalidad de nuestro irrevocable destino.

Cuando en momentos fugaces de introspección pensamos en nuestra salida de este mundo, muchos anhelamos una muerte rápida o durante el sueño, un lapso perfecto a la inconsciencia final libre de agonía. A veces reflexionamos sobre las imágenes de nuestros momentos terminales y en un trance de mente clara hacemos una breve recapitulación de la vida. La «muerte con dignidad» es la expresión emblemática actual del deseo por alcanzar un compromiso airoso con la dura y repulsiva irrevocabilidad de los últimos chisporroteos de la vida. Precisamente, en Holanda y en el estado de Oregón, Estados Unidos, donde la eutanasia y el suicidio asistido por un médico es legal desde hace varios años para los enfermos terminales que lo soliciten, las razones más frecuentes para pedir ayuda para morir incluyen desde el deseo de decidir sobre la forma de morir o la incapacidad para participar en actividades que hacen la vida placentera al miedo al dolor insoportable, pasando por el temor a la pérdida de autonomía o la falta de control sobre las funciones del cuerpo.

Entre los males más preocupantes destacan las afecciones cerebrales relacionadas con el envejecimiento de las neuronas. Concretamente, la demencia de Alzheimer. Esta incurable y nefasta enfermedad, descrita en 1906 por el psiquiatra alemán Alois Alzheimer, consiste en la degeneración y atrofia progresivas e irreversibles del cerebro. Los enfermos de Alzheimer pierden la memoria, el sentido del tiempo y del espacio y la capacidad de pensar, de elaborar sentimientos, de relacionarse, de controlar las funciones corporales más elementales y de reconocerse a sí mismos y a sus seres queridos. Todos terminan transformados en vegetales sin conciencia ni autobiografía, despojados de las facultades mentales que los definían como seres humanos.

Los seres queridos de las víctimas de Alzheimer no sólo pierden a una persona que conocían y amaban, sino que además tienen que soportar la amargura y la impotencia que supone asistir a alguien que, a todas luces, ya ha muerto. De hecho, la mayor parte de los parientes y amigos atraviesa la encrucijada del duelo antes de que ocurra la muerte biológica de su ser querido.

Gracias a las valientes reivindicaciones de familias marcadas por el Alzheimer, al apoyo de algunos lúcidos líderes sociales y a los avances de la ingeniería genética, es muy posible que un día no muy lejano logremos vencer este mal. Mientras tanto, sin embargo, no podemos ignorar el enorme y penoso reto que plantean la dilatada e indigna agonía que padecen tantas víctimas de demencia, y el calvario y la ruina que causan sin darse cuenta a sus seres queridos. Por todo esto, creo que la sociedad está obligada a establecer medidas preventivas que otorguen a las personas que lo pidan el derecho a declarar su voluntad anticipada y elegir libremente, de acuerdo con sus principios y prioridades, controlar la duración de su último adiós. Estoy convencido de que si un día nos toca vivir con Alzheimer, muchos nos sentiremos reconfortados si sabemos que tenemos en nuestras manos la opción de ahorrar a nuestros seres queridos una larga e insufrible despedida.

Afortunadamente, en los últimos años ha aumentado paulatinamente la popularidad de los testamentos en vida o las voluntades anticipadas. En estos documentos legales, el interesado, apuntando a su prerrogativa de morir con dignidad, instruye a sus familiares, a los médicos y a las autoridades a que no se le prolongue la vida con medidas extraordinarias ni tratamientos fútiles en la eventualidad de sufrir una enfermedad incurable, carecer de una razonable expectativa de recuperación y ser incapaz de tomar decisiones o de expresar sus deseos.

En España, desde abril de 2008, morir dignamente es un derecho que regula la Ley de Autonomía del Paciente mediante testamentos vitales. Concretamente, los ciudadanos que lo deseen pueden dejar por escrito qué tratamientos médicos desean recibir y cuáles no, si llega el caso y no están en condiciones de expresarlo. Pero en la práctica, la existencia de un testamento no garantiza su cumplimiento. Lo importante es que el médico lo acepte. Además, los familiares cercanos tienen que estar de acuerdo. Y eso, como ilustra la muerte de Ernest, no siempre ocurre.

Morir bien

Para terminar, me gustaría recordar que las buenas muertes existen. En mi experiencia profesional, si bien todas las muertes que he presenciado me han estremecido, han sido muchos los enfermos terminales y sus seres queridos que han logrado transformar el último acto en una oportunidad para intercambiar amor, solidaridad y respeto, y descubrir en ellos mismos fuerzas y virtudes hasta entonces ocultas. La salida de este mundo les ofreció posibilidades únicas para completar asuntos pendientes, curar viejas heridas, superar prejuicios y reconciliarse con su inevitable caducidad.

Fallecer no tiene que ser necesariamente un tormento. El malestar del cuerpo casi siempre se puede aliviar. Y la presencia reconfortante de personas serenas y cariñosas mitiga gran parte de la soledad del paciente. Pero alivio y compañía no es todo. Para muchos hombres y mujeres en el lecho de muerte y para sus allegados, este último acontecimiento de la vida brinda la posibilidad de vivir momentos emotivos de profundo significado. En estas circunstancias cruciales, la sinceridad, la ternura, la comprensión y la entrega fortalecen y conectan a los participantes de una forma cercana y especial que nunca experimentaron. Es verdad que este trance requiere una cierta dosis de entereza para enfrentarnos a recuerdos dolorosos y para atender con cariño las molestias físicas del agonizante. Pero para la mayoría de los acompañantes se trata de una labor que no sólo aceptan sino que desean. Mientras que dejarse cuidar se convierte en el último regalo del moribundo.

Compartir el trance de morir y cuidar de una persona querida que agoniza representa una prueba personal sublime y enriquecedora. Cuando alimentamos la dimensión humana de la muerte, la última despedida se convierte en una experiencia tan íntima, tan entrañable y tan valiosa como el mismo milagro del nacimiento.

Capítulo diecisiete

Jan: hombre jubilado de 80 años con infarto de miocardio y vida acelerada

Valentín

Ésta es una larga historia. Me remontaré al año 1988.

Jan vino a mi consulta tras una operación de triple *bypass* coronario.[34] «Quiero que se ocupe de mi salud», me dijo. Esta indicación, que apunté en su ficha médica, resultó ser clave para entender todo lo que pasó después.

Que Jan hubiera tenido problemas cardíacos no es nada extraño: fumaba, estaba obeso, no practicaba deporte, era hipertenso, era prediabético y tenía un colesterol elevado. Es decir, tenía todos los factores importantes de riesgo de las enfermedades coronarias.

34. La cirugía del *bypass*, conocida a veces como «cirugía de puente coronario», es la operación cardíaca más común en Estados Unidos, con más de 250.000 intervenciones anuales. Esta intervención tiene por objetivo restablecer el flujo de sangre que llega al corazón cuando las arterias están obstruidas (aterosclerosis). A diferencia de la angioplastia tratada en capítulos anteriores, en la que por compresión con un pequeño balón se recupera el espacio de la arteria, en el *bypass* se injerta en el corazón un tramo de vaso sanguíneo sano de otra parte del cuerpo, lo que permite que la sangre fluya e irrigue el músculo cardíaco.

Mis pacientes siempre se sorprenden cuando hago la siguiente afirmación: si no tienes sobrepeso, no fumas, haces ejercicio físico, no eres diabético y no tienes hipertensión o un colesterol alto, las posibilidades de sufrir un ataque de corazón en los próximos diez años son casi nulas. En cambio, a partir de los 50 años de edad, si tienes tres factores de riesgo, las posibilidades de infarto son del 20 por ciento. Tener los seis factores de riesgo, como Jan, es muy infrecuente y, evidentemente, nefasto para la salud.

Jan nació en Polonia, pero a los 16 años emigró con sus padres a Estados Unidos, huyendo de la depresión económica que azotaba la Europa de la posguerra. Uno de los mejores amigos del padre tenía una floristería en Manhattan y pronto empleó al padre y, poco después, a mi paciente, que nunca cursó estudios superiores (de hecho, debido a los avatares de su infancia en Europa, probablemente tuvo una educación académica escasa). A los 36 años abrió una floristería cerca de las Naciones Unidas y se casó con una emigrada de Checoslovaquia con la que nunca tuvo hijos.

El triple *bypass* dio a mi paciente un susto mayúsculo. En consecuencia, decidió cuidarse o, mejor dicho, que yo lo cuidara. Me pidió que lo viera cada tres meses y que no dudara en ser firme con él si era necesario. «Quiero que mi corazón esté bien atendido; yo voy a cambiar, pero usted tiene que ser claro y directo conmigo y verme a menudo», me dijo. Quería sentirse protegido.

Yo lo visité cada tres meses, pero él no cumplió con su parte del pacto. Durante un período de diez años, de 1988 a 1998, Jan se fue olvidando progresivamente del susto que se había llevado y volvió paulatinamente a sus excesos anteriores: fumaba más que nunca, comía demasiado y engordó, no hacía ejercicio físico y sus problemas de colesterol e hipertensión fueron en aumento. Intenté por todos los medios que entendiera que venir a mi consulta cada tres meses no era suficiente si luego él no se cuidaba. No conseguí que me hiciera caso. El hombre pensaba que si yo me ocupaba de su salud, no era necesario que lo hiciera él. Me dio una respuesta muy interesante: «El mero hecho de que usted me examine cada tres meses es suficiente para sentirme seguro.» Estaba convencido de que si yo lo veía cuatro veces al año, podía hacer lo que quisiera porque no le iba a pasar nada.

Tras una década de visitas y consejos que caían en saco roto, tuvimos «unas palabras». Le dije que su actitud me parecía muy irresponsable y que era absurdo por su parte traspasar la responsabilidad de su corazón a su cardiólogo y desentenderse del asunto. Le anuncié que se habían terminado los chequeos trimestrales porque prefería dedicar ese tiempo y energía a pacientes que también me necesitaban y que aprovecharían mejor mis consejos. Me prometió que haría un esfuerzo por cambiar y me pidió que llegáramos a un acuerdo: él sería más responsable y yo lo vería cada seis meses.

Acepté. Pero a mis espaldas, y para suplir mis ausencias, se buscó un segundo cardiólogo (casualmente, amigo mío). Con dos cardiólogos que lo examinaban se sentía doblemente seguro y no veía la necesidad de tener que cambiar su estilo de vida y controlar sus excesos.

En contra de sus fantasiosas previsiones, una noche tuvo un infarto de miocardio masivo. Estuvo tres semanas hospitalizado en mi hospital y la verdad es que se salvó de milagro. Entendió que había estado a punto de morir y sufrió una crisis personal. Me prometió que seguiría mis consejos, pero me insistió en que lo viera cada tres meses. Asentí a su plan y, efectivamente, empezó a cuidarse... «a su manera». Por una parte, siguió los consejos que yo le había dado durante una década. Por la otra, sin embargo, todo lo hacía en exceso. Adelgazó demasiado; no tenía un aspecto saludable, sino que más bien parecía anoréxico. Se apuntó a clases de tenis. Es cierto que una década atrás yo le había indicado que el ejercicio moderado era muy saludable. Pero, tras un infarto masivo, jugar a tenis durante horas es una temeridad. Además, no aceptó mi recomendación de que le implantaran un desfibrilador. Le expliqué que las personas que han sufrido un infarto de miocardio masivo pueden sufrir una muerte súbita y que para evitarla era necesario que le pusiéramos un desfibrilador. No quiso ni oír hablar de esa intervención. Me dijo que ahora que estaba delgado y en plena forma, no lo necesitaba y que con que yo lo viese cada tres meses era suficiente para sentirse tranquilo.

Entró en una fase ilusoria de seguridad personal; estaba absolutamente feliz, pero fuera de la realidad. Le indiqué en distintas ocasiones que practicar tenis tras un infarto masivo es peligroso, pero siempre me respondía que «nunca se había sentido mejor». Traté de explicarle que necesitaba un desfibrilador, pero no me escuchó.

Un día recibí una llamada de su esposa: Jan había muerto repentinamente en la pista de tenis.

La mujer me vino a ver un mes más tarde, indignada. Me echó en cara el hecho de que yo no hubiera visitado a su marido «más a menudo» para evitar la tragedia. Al igual que su marido, ella tampoco entendía que ver a un paciente cada semana no garantiza la inmortalidad. La mujer no podía aceptar que su marido, un hombre «que se encontraba perfectamente y jugaba a tenis», se hubiera muerto súbitamente. Buscaba la seguridad en el lugar equivocado. Tuve que mostrarle el largo historial médico de su marido, con docenas de anotaciones mías como «el paciente se niega a cuidarse», «el paciente no escucha», «el paciente se niega a aceptar un desfibrilador que le salvaría la vida» o «el paciente no quiere dejar el tenis».

Pacientes que no escuchan

Con frecuencia me encuentro con pacientes que no escuchan y, concretamente, son muchos los pacientes de esa edad que no entienden que deben poner un freno a sus vidas aceleradas. Tengo algunos pacientes con más de 70 años y graves problemas cardíacos que hacen locuras y se embarcan en todo tipo de aventuras que no les convienen (esquí, carreras de motos, ciclismo) porque así, según ellos, fortalecen su corazón. Sustituyen su sentimiento de vulnerabilidad por un falso sentido de seguridad. Son gente dominante que controlan su salud a su manera y, casi siempre, con un juicio erróneo.

Los pacientes controladores suelen mostrar poco juicio médico: si no escuchas, es difícil poder llegar a un juicio adecuado. Por ejemplo, a veces examino a pacientes que no están bien informados y que están tomando «hierbas» que son dañinas para su corazón y tienen efectos perjudiciales en la salud cardiovascular (por ejemplo, provocan palpitaciones). Yo no tengo nada en contra de la Medicina alternativa. De hecho, puede ser beneficiosa si se sigue correctamente. Sin embargo, es importante estar bien informado sobre sus indicaciones y sus posibles efectos secundarios.

A Jan no le interesaba nada de lo que yo pudiera decirle porque él ya había hecho su propio diagnóstico. Ese hombre pensaba que sabía más que el médico. En una primera fase pensó que cuidarse era una cuestión estética y que podía ignorar mis consejos. Y después, tras el infarto masivo, pensó que se estaba cuidando, cuando en realidad se estaba matando.

figura 13

FACTORES DE RIESGO CARDÍACO

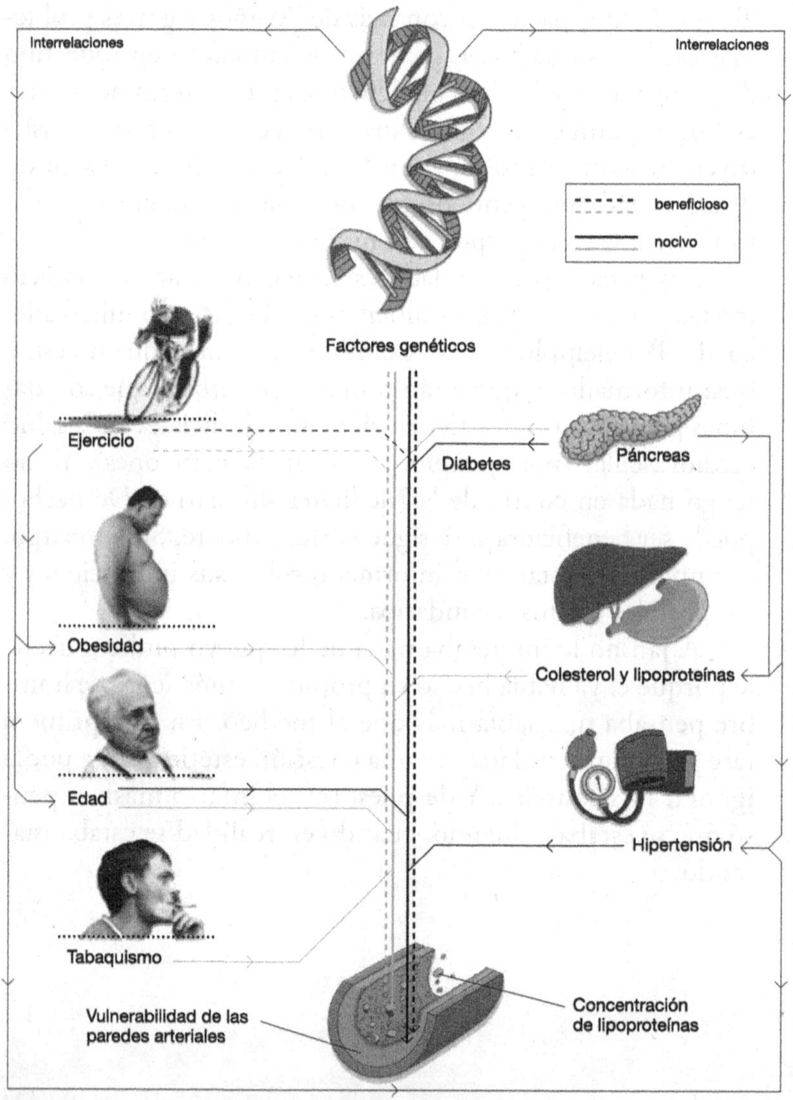

Prevención

Lamentablemente, cuesta mucho inculcar una actitud preventiva en personas que no tienen problemas graves y evidentes de salud. La mayoría de mis pacientes, por ejemplo, no deja definitivamente el tabaco hasta que tiene un infarto de miocardio. Lo veo continuamente. Y tengo muchos pacientes y amigos, personas inteligentes y bien informadas, que aunque saben que es importante hacerse determinados chequeos anuales para detectar ciertos cánceres a tiempo (mamografía para la prevención del cáncer de mama, colonoscopia para el cáncer de colon, revisión ginecológica para el cáncer de útero, etcétera), no lo hacen. Te responden con un «si un día llega, llegará», aunque, en el fondo, su estado de ánimo real no es conformista sino poco realista: piensan que a ellos no les va a pasar. Y cuando finalmente pasa, entran en crisis.

En el caso concreto del tabaco, mi experiencia demuestra que de poco sirve enumerar los daños que causa —aun así, lo sigo haciendo—, como seguramente tiene un impacto relativo poner en las cajetillas de tabaco que fumar mata o anuncios sobre los efectos negativos de la nicotina. Todos conocemos al típico fumador que asegura que dejar el tabaco le supondría más inconvenientes que ventajas, y que siempre cuenta la historia de algún familiar que fumó hasta los 99 y estaba en plena forma, o de aquella amiga treintañera que nunca fumó pero murió en un accidente de automóvil (porque, insiste, a todos nos llega el día y lo cierto es que no vale la pena preocuparse). Pero el mismo paciente que tiene esta actitud tan determinista ante la vida entra en crisis cuando tiene un infarto y, entonces, te escucha y deja el tabaco.

La lista de efectos negativos del tabaco es infinita. Por una parte, activa la coagulación de la sangre, con el consiguiente riesgo para la formación de coágulos y, con ello, el riesgo de embolia e infarto. Por la otra, provoca cáncer de pulmón, boca, laringe, esófago, estómago, vejiga, riñones y páncreas. La mitad de los fumadores habituales muere prematuramente por enfermedades relacionadas con el tabaco. Los fumadores tosen más, son más proclives a sufrir infecciones respiratorias y se cansan con facilidad.

Luis

Jan pertenece a un grupo de pacientes que conciben la enfermedad como un fallo, una debilidad, un signo de descontrol. En consecuencia, de un modo más o menos consciente, tratan de escapar de la enfermedad y de los riesgos que ésta encierra negándola. Lo habitual es que después de llevarse un gran susto se presenten en la consulta del especialista. Suelen ser personas inteligentes, emprendedoras, convincentes y afables que establecen lazos de dependencia con el médico aparentemente con el fin de ganar control sobre el mal que les aqueja. Sin embargo, sus temores son siempre inconsecuentes y pasajeros. La realidad es que no albergan la motivación ni la más mínima esperanza de poder controlar sus hábitos.

Pacientes negadores

Para los pacientes negadores como Jan, la parcela de la salud ha constituido desde muy temprano en sus vidas una laguna totalmente abandonada. Por ejemplo, beben alcohol pese a sufrir problemas de hígado, fuman pese a padecer enfisema pulmonar o, como Jan, no sólo hacen caso omiso a las averías más peligrosas de su cuerpo e ignoran los consejos elementales del médico, sino que además mantienen comportamientos altamente autodestructivos. Y si se les confronta con su arriesgado estilo de vida, argumentan todo tipo de excusas, y desde luego niegan con contundencia que estén poniendo en peligro su existencia. En el fondo, en lo que respecta a su salud han tirado la toalla.

Esta forma de minimizar o negar la enfermedad provoca preocupación en el médico; preocupación que con el tiempo suele convertirse en frustración e impotencia para cambiar la situación. Por otra parte, ante estos pacientes que exhiben una forma crónica de comportamientos suicidas, las respuestas catastrofistas y autoritarias por parte del médico fracasan, ya que tienen una gran facilidad para prescindir de la realidad y aún más para desoír las malas noticias. Además, estos obstinados negadores se gratifican inconscientemente cuando derrotan los intentos del facultativo de mejorar su esperanza de vida. Con el tiempo, el médico se siente atrapado entre sus deseos de rescatar y sus sentimientos de rechazo hacia esos seres inalcanzables, empeñados en dejarse morir y, de paso, echarle en cara su ineptitud.

Jan camuflaba su autodestructividad, tanto ante sí mismo como ante los demás, con la idea mágica de traspasar la responsabilidad de su salud a Valentín. En su mente, las visitas al buen doctor eran suficientes para demostrar que Valentín era el encargado de mantener su corazón vivo. Y si algo fallaba, él ya no era culpable. Éste era su justificante para hacer lo que se le antojaba sin tener que aceptar la menor responsabilidad por las consecuencias de sus comportamientos a corto o largo plazo.

Valentín captó esta estrategia de Jan desde el primer momento. El hecho de que durante una década no le confrontase ilustra la intensa presión que sienten los cuidadores para aceptar el papel que les imponen esos pacientes y la dificultad de resistirse a sus exigencias y expectativas. Después de todo, para el médico, aceptar la responsabilidad de la salud de sus pacientes es la cosa más natural.

La indignación de la mujer de Jan con Valentín después de su muerte súbita no es de extrañar. Estoy seguro de que nuestro paciente no tuvo gran dificultad para convencer a su esposa de que Valentín había tomado las riendas de su salud y había asumido el papel de garante de su supervivencia.

Más vale prevenir

Estoy de acuerdo con Valentín en que no resulta nada fácil inculcar una actitud preventiva en personas que no tienen problemas de salud. Resulta curioso este rechazo a adoptar medidas protectoras eficaces, pese a que todos hemos oído desde pequeños consejos como «más vale prevenir que curar» o «poner la venda antes de la herida». Yo creo que una razón es que la prevención da sus frutos a largo plazo, mientras que nuestra cultura celebra la gratificación inmediata: aquí y ahora. Entre las personas poco precavidas que he conocido me llaman la atención los que muestran una tendencia natural a desafiar al peligro, a arriesgarse, a cruzar la calle con tráfico a pesar de la luz roja del semáforo. Para estos aventurados, usar preservativo o ponerse el casco de la moto roba la emoción a la vida. No menos intrépidos son los devotos del fatalismo convencidos de que es imposible planificar con éxito la longevidad. Otro grupo es el de los libertarios, siempre inclinados a reclamar el derecho inalienable de escoger sus propios venenos. Incluso en nuestro gremio no faltan médicos que consideran más gratificante —y rentable— recetar fármacos para aliviar enfermedades que dar consejos para evitarlas.

Sin embargo, si examinamos la historia de nuestra especie, es evidente que la causa más importante de la prolongación de la vida no ha sido el tratamiento de las enfermedades sino principalmente la aplicación de medidas sanitarias preventivas, como las vacunas y la separación de las aguas potables de las aguas residuales anegadas de insectos y roedores que propagaban epidemias mortíferas.

Es verdad que no es posible estar mentalizados continuamente de los peligros que encierra la existencia diaria sin angustiarnos. Por lo tanto, es comprensible que a veces los enterremos en el olvido o nos autoengañemos justificando comportamientos dañinos con excusas persuasivas. Pero creo que es disparatado ignorar medidas que pueden prevenir las dolencias más devastadoras de nuestro tiempo. Hoy, con sólo una dosis moderada de prevención, la expectativa de una vida completa y saludable no es el privilegio de unos pocos sino el destino de la mayoría. Por eso, las muertes prematuras nos resultan tan chocantes, indefendibles y crueles.

Capítulo dieciocho

Diego: hombre de 81 años con enfermedad coronaria benigna y trastorno obsesivo-compulsivo

Valentín

Diego acudió por primera vez a mi consulta a los 81 años, acompañado de su esposa, tras sufrir un infarto de miocardio de pronóstico leve. El hombre estaba obeso y fumaba. Me sorprendió descubrir que años atrás había sido nadador profesional. En esta primera visita, Diego prácticamente no habló. Fue su esposa, una neoyorquina diez años más joven que él, la que me describió la situación. Me explicó que tras sufrir el infarto, su esposo estaba ansioso, alterado y tenía problemas de insomnio. De hecho, el hombre parecía deprimido, algo ausente y cerrado en sí mismo.

Diego había nacido en Argentina, pero había emigrado a Estados Unidos a los 10 años. Nunca sobresalió en la escuela, pero sí en natación y muy pronto comenzó a participar en competiciones, aunque nunca se convirtió en un deportista de primer nivel. Toda su vida profesional la pasó en una piscina, primero como nadador y más tarde como entrenador de jóvenes promesas de la natación. Durante su larga etapa como entrenador, siempre trabajó más de catorce horas diarias y cuidaba su forma física. A los 50 años perdió su trabajo. Por lo visto, y esto es muy frecuente, nunca había previsto esta situación y no había pensado en alternativas. Pero la vida profesional de los deportistas es corta.

Pasó a depender económicamente de su esposa. La mujer trabajaba de cajera en un supermercado y solía volver tarde a casa. La pareja, que nunca tuvo hijos, vivía en un modesto apartamento del Bronx. Mientras ella trabajaba, él se dedicaba única y exclusivamente a jugar a las cartas y al ajedrez en un centro cívico del barrio.

Me llamó la atención una observación de su esposa: «Apenas habla con sus compañeros de juego». Efectivamente, yo también tengo conocidos y pacientes que juegan a las cartas y es curioso constatar que en estos encuentros prácticamente no hay comunicación; me refiero a un intercambio real de impresiones que pudiera ser beneficioso, incluso terapéutico, para el grupo. Normalmente, los jugadores llegan, se sientan, juegan, intercambian monosílabos y cuando la partida termina, se levantan y se van.

Diego jugaba a cartas y al ajedrez sin abrirse a los demás y con la misma intensidad con la que había nadado y entrenado. Tan centrado estaba en el juego que descuidó por completo su forma física. Un hombre que siempre había tenido un aspecto atlético pasó a estar obeso y a fumar. Como consecuencia de la obesidad, la mala alimentación y la vida sedentaria también tenía un colesterol muy elevado, hipertensión y prediabetes.

Durante la primera visita del matrimonio a mi consulta, la esposa me hizo la siguiente confesión con toda la naturalidad del mundo: su marido era «homosexual no practicante». Por lo visto, el hombre había descubierto su homosexualidad años atrás, pero le había prometido a la mujer que le sería fiel. De hecho, a lo largo de los tres años que he tenido a Diego por paciente, ella siempre ha estado a su lado y le ha dado un apoyo incondicional.

Intenté iniciar un diálogo con Diego. Le comenté que su infarto era la consecuencia de un estado de salud precario y que los factores de riesgo (obesidad, colesterol, hipertensión, tabaco) eran una bomba de relojería dispuesta a explotar. Le planteé un cambio de hábitos de salud y le aconsejé que perdiera peso y dejara el tabaco de forma gradual. Como ya hemos comentado en capítulos anteriores, ofrecer al paciente un plan de acción que él se vea capaz de realizar es muy positivo para su autoestima. Le propuse que perdiera un kilogramo al mes (se trataba de un plan a largo plazo, ya que en total tenía que perder un mínimo de 24 kilogramos en dos años). Con el tabaco, mi propuesta fue similar: que redujera progresivamente el número de cigarrillos hasta conseguir dejarlo. También le aconsejé que volviera a practicar deporte y le receté pastillas para la presión arterial, el colesterol y la diabetes.

Tres años más tarde regresó a mi consulta y no lo reconocí; solo reconocí a la esposa. Diego estaba exageradamente delgado; de hecho, su índice de masa corporal era de menos de diecisiete, muy por debajo de lo normal. Su presión arterial era baja y tenía una de las cifras de colesterol más bajas que he visto nunca. Sus concentraciones de potasio estaban por los suelos. Su esposa me comentó que había dejado el juego y ahora vivía única y exclusivamente para su salud. Le expliqué que su actual comportamiento tampoco era sano y le indiqué que tenía que encontrar un término medio.

Volvió al cabo de un año. Estaba más delgado que la vez anterior. Empezaba a tener trastornos típicos del colesterol bajo: pérdida de memoria, fatiga e irritabilidad. Descubrí que tomaba laxantes para bajar peso. Reconozco que me sacó de mis casillas. Le trasmití mi frustración y lo que más me sorprendió fue su pasividad; no reaccionaba. Yo no era el único que se sentía frustrado; a su esposa el comportamiento obsesivo de su marido la desesperaba.

Decidí tomar cartas en el asunto; vino a mi consulta cuatro veces en menos de diez días. Logré que se abriera, aunque nunca hablamos de su homosexualidad; me pareció que habíamos conseguido iniciar un diálogo. Creo que entendió que su comportamiento obsesivo de los últimos años había sido más nocivo para su salud que su comportamiento obsesivo jugando a las cartas y descuidando su salud.

Me prometió que ahora seguiría mis consejos y «buscaría obsesivamente un punto intermedio». Y precisamente porque se trata de un hombre que cumple a raja tabla sus promesas, ha encontrado un equilibrio y ahora tiene hábitos de vida más saludables.

Luis

Las relaciones sexuales entre personas del mismo sexo, con contadas excepciones, se han juzgado a lo largo de la historia como un peligro para la supervivencia humana y la familia, una violación de la naturaleza, una grave transgresión social o una enfermedad. Parece como si el diseño anatómico de los genitales humanos revelase un plan superior imperturbable para su único uso correcto.

Para Diego, como para tantas personas homosexuales que crecieron en el cruel entorno homofóbico del siglo xx, la forma de protegerse del desprecio y la discriminación consistió en reprimir su orientación sexual y guardarla en el mundo del secreto, el anonimato o la clandestinidad. De lo contrario, las consecuencias hubieran sido sencillamente desastrosas; desde el despido fulminante del trabajo o la expulsión deshonrosa del ejército hasta el repudio social y familiar, la detención e incluso el encarcelamiento. En Estados Unidos, la caza de brujas de la era del senador Joseph McCarthy en la década de los cincuenta se convirtió en una persecución especialmente aterradora para los homosexuales. El lema hoy tan popular de «orgullo gay» era algo inimaginable en aquellos tiempos.

Heterosexismo

Hay mujeres que se casan con hombres homosexuales. Aunque algunas se llevan una sorpresa, la mayoría lo ha presentido antes. También las hay que lo saben de antemano. Muchas aducen que confían más en hombres que no están interesados en ellas por el sexo, y a menudo indican que no quieren tener hijos. En mi experiencia, la mayoría de estas mujeres sufre alergia a la intimidad.

Como ha sucedido con tantos estados mentales y comportamientos humanos, la psiquiatría ha intentado abordar el dilema de si la homosexualidad es una enfermedad o no. Desafortunadamente, esta cuestión no ha sido analizada según métodos científicos. En 1952, cuando se llevó a cabo la primera clasificación de enfermedades mentales en Estados Unidos, los homosexuales fueron considerados enfermos mentales que sufrían una desviación sexual vinculada a una alteración de la personalidad. Bastantes homosexuales respaldaron el traspaso de la definición de su estilo de vida de las manos de las autoridades legales y religiosas al mundo más indulgente de la psicología médica. Pensaron que era preferible ser considerados enfermos que viciosos o delincuentes. Sin embargo, la comunidad homosexual no tardó en darse cuenta de las implicaciones negativas que suponía ser etiquetada por otros y, utilizando las armas de la protesta social, arremetió públicamente contra la Psiquiatría oficial como símbolo de una sociedad homofóbica que les negaba la dignidad humana.

En 1974, ante el asombro del mundo de la Medicina y de

la ciencia, la Asociación Americana de Psiquiatría sometió a un insólito referéndum la validez diagnóstica de la homosexualidad. En el plebiscito, el 58 por ciento de más de 10.000 psiquiatras votó a favor de eliminar la homosexualidad de la clasificación oficial de enfermedades mentales.

En 1981 surgió la devastadora maldición del sida. Identificada como la *plaga gay*, la epidemia dio un revés dramático a la causa homosexual y enfrentó a los hombres homosexuales con esta cruel enfermedad. El sida se convirtió rápidamente en un pretexto que muchos usaron para justificar la vuelta a la discriminación de los homosexuales. Para unos, el sida representaba el «castigo de Dios contra quienes no cumplen las reglas»; para otros, el motivo para denunciar «intimidades ilícitas» y reafirmar con fervor moral los valores heterosexuales de la mayoría. Los prejuicios sociales sobre la homosexualidad reflejan nuestra proverbial inclinación a devaluar a ciertos grupos de personas «diferentes» y, de paso, satisfacer la nefasta necesidad de dividir tajantemente a nuestros compañeros de vida en «buenos» y «malos». También ilustran la naturalidad con la que los seres humanos reclamamos la superioridad de unos sobre otros.

Aún no se conoce la causa exacta de la homosexualidad. Cada día más estudios científicos corroboran la noción de que se trata de una variación innata de los mecanismos biológicos y psicológicos que modulan la atracción romántica entre personas adultas, por lo que está fuera del control del individuo. La orientación sexual parece configurarse durante la gestación, como resultado de los efectos de las hormonas sexuales, andrógenos y estrógenos, que son responsables de la configuración masculina o femenina del sistema nervioso central.

Algo que sí sabemos con certeza es que la homosexualidad no es una enfermedad, no es un vicio contagioso ni la secuela de padres ineptos o de una infancia sórdida o traumática. En verdad, la homosexualidad no plantea una cuestión moral ni de salud mental, sino un desafío sociopolítico y un reto a nuestra razón y humanidad.

Hoy, la mayoría de las personas acepta las relaciones del mismo sexo y apoya la igualdad de derechos. En casi todas las naciones europeas y en Canadá se reconocen legalmente las uniones homosexuales y, en bastantes países, estas parejas pueden incluso adoptar niños. En Estados Unidos, más de la mitad de la población es partidaria de la legalización de estas relaciones. Aunque las leyes federales de este país no contemplan el matrimonio homosexual, estas uniones gozan ya en varios estados de respaldo legal. En este sentido, creo que contamos con un dato esperanzador: si observamos el transcurso de nuestra historia, veremos que las corrientes fanáticas van y vienen, pero a la larga los cambios justos perduran.

Pese a esta realidad, no cabe duda de que la vida cotidiana de muchos homosexuales continúa siendo difícil. El heterosexismo está aún muy extendido.

Es lógico pensar que las personas que se sienten estigmatizadas por la sociedad en la que viven van a tener más difícil el desarrollo de un concepto realista y favorable de sí mismas. No obstante, la poderosa capacidad humana de superación permite no sólo vencer las trabas sociales que nos encontramos sino salir fortalecido de la batalla. De hecho, en general, el termómetro de la autoestima no marca, estadísticamente hablando, diferencias en la percepción de sí mismos entre homosexuales y heterosexuales. Varias teorías explican este resultado. La primera es que los estereotipos sociales negativos sólo tienen un impacto desfavorable en la autoestima de las personas que los aceptan como legítimos. Por otra parte, a la hora de autovalorarse, bastantes personas que pertenecen a grupos catalogados como desfavorables logran mantener una opinión positiva de sí mismas porque culpan a los prejuicios de los demás y no a sí mimas de sus desventajas, o aprecian ciertas cualidades personales que los distinguen, como por ejemplo su éxito profesional o su talento para el arte o los negocios.

El lastre de los secretos

El concepto de uno mismo, a pesar de ser algo fundamentalmente privado, lo representamos en el escenario social a través de nuestras actitudes y conductas. Todos somos conscientes de que es importante cómo nos juzgan los demás. Por eso, la mayoría moldeamos nuestra personalidad delante de otros según las circunstancias. La forma de presentarnos ante los demás está influenciada por nuestra necesidad de mantener un grado aceptable de autoestima y de sentirnos bien con nosotros mismos. A menudo, nuestro objetivo es ocultar rasgos que consideramos negativos.

La imposibilidad de ser identificados como homosexuales «no practicantes», como Diego, suele complementarse con la reticencia del médico a sacar a colación los hábitos sexuales del paciente. En la práctica son excepcionales los profesionales que preguntan sobre la orientación sexual a pacientes cuando elaboran su historia clínica, a la hora de formular un diagnóstico o a la hora de considerar la posibilidad de hospitalizarlos o ingresarlos en una residencia.

Aunque cada día un mayor número de gays y lesbianas deciden salir del armario y sincerarse con sus familiares, o incluso declaran públicamente que no están dispuestos a seguir ocultando la opresión y las humillaciones de que son objeto y prometen reivindicar sus derechos, no pocos se mantienen «invisibles» y se llevan su secreto a la tumba. Para ellos, la sexualidad es un tema tabú del que no quieren hablar o, sencillamente, la idea de ser descubiertos les da terror. Desafortunadamente, la obsesión por mantener reprimido o en secreto hasta el final algo tan importante como la atracción sexual conduce al aislamiento emocional y se convierte fácilmente en una permanente fuente de sentimientos de ilegitimidad, confusión y estrés.

Con esto no quiero decir que homosexuales invisibles de la edad de Diego no hayan superado psicológicamente las adversidades de su vida pasada, pero no lo tienen nada fácil. Y es que resulta muy duro aceptar una autobiografía dañada por el estigma social que les robó la libertad y la posibilidad de gozar de relaciones afectivas íntimas y estables.

No cabe duda de que todos guardamos secretos sobre ideas, comportamientos o experiencias personales que pensamos que nos empequeñecerían ante los ojos de los demás. No obstante, mantener una imagen que no es real y llevar a cuestas un pesado saco de secretos consume grandes cantidades de energía psíquica y, con el tiempo, supone una carga perjudicial para la salud. Ciertos secretos se convierten en venenos muy tóxicos. De hecho, causan más daño que los hechos que decidimos ocultar o disimular en un principio. Por todo esto, no me sorprendería si los problemas de salud de Diego fuesen en gran medida agravados por el continuo estrés que provocaba su obsesión por mantener intacto su pesado archivo de secretos personales.

Capítulo diecinueve
Arthur: varón de 90 años eufórico pero con una salud en declive

Valentín

Siempre sospeché que Arthur y Olivia eran pareja.

Primero conocí a Olivia. Era una mujer de más de 70 años, elegante y muy sofisticada, que tenía un problema de arritmia cardíaca que en Medicina se conoce con el nombre de extrasístoles ventriculares (latidos adicionales del corazón causados con frecuencia por el consumo de alcohol o de ciertos fármacos). La mujer había enviudado hacía unos años y tenía una hija que vivía en Londres.

Unos años más tarde, Arthur vino a mi consulta por recomendación de Olivia. Por aquel entonces, el hombre tenía 84 años, y había enviudado una década antes. Era padre de dos hijos varones y tenía cinco nietos. En las últimas semanas había notado que sus latidos eran irregulares y Olivia le había sugerido que viniera a verme porque intuía que podía tener el mismo problema cardíaco que ella. Efectivamente, la mujer estaba en lo cierto.

Llegué a la conclusión de que no era una casualidad que ambos padecieran de extrasístoles auriculares. Como he indicado antes, ese tipo de arritmias son frecuentes en personas que consumen alcohol, y era evidente que Arthur y Olivia, ambos con una intensa vida social y acostumbrados a las recepciones y a las fiestas, tomaban diariamente tres o cuatro copas de whisky escocés.

Aunque siempre mantengo una distancia con mis pacientes, debo reconocer que me siento muy atraído por aquellos que sienten curiosidad por la vida y que pueden hablar sobre temas de todo tipo. Arthur y Olivia eran buenos comunicadores y me contaban cosas interesantes sobre su amor por el arte, la música, la naturaleza y los viajes. Tenían una actitud muy positiva y generosa ante la vida. Él había crecido en Boston y ella en Nueva York y sus familias les habían inculcado valores como la tolerancia y el respeto, así como la importancia de la solidaridad.

Tengo que precisar que nunca vinieron juntos a la consulta. Los dos eran pacientes míos, pero siempre los traté por separado. Arthur sólo mencionó a Olivia en una ocasión, cuando al conocernos me había puntualizado que su amiga le había dado mi contacto. Nunca más me volvió a hablar de ella. Sin embargo, siempre tuve la impresión de que eran pareja y que iban al unísono.

Probablemente pienses, querido lector, que especular sobre la vida sentimental de mis pacientes excede mis competencias y que no son éstos los problemas de corazón de los que debería ocuparme como cardiólogo. Lo cierto es que me interesa el bienestar de mis pacientes y era evidente que la relación de Arthur y Olivia, de amistad o romántica, era una fuente de satisfacción, complicidad y felicidad para ambos. Tenían una filosofía de vida muy similar. Sus historias médicas eran parecidas y, por separado, me daban las mismas respuestas. Por ejemplo, cuando le recomendé a Arthur que moderase su consumo de whisky, me hizo el mismo comentario que yo había apuntado una semana antes al examinar a su amiga: «La vida sin estos pequeños placeres no tendría sentido. Si el alcohol no me va a matar, unas cuantas palpitaciones no deberían ser causa de desesperación.» Tengo en sus fichas otro comentario idéntico: «La vida está para vivirla y el día que tenga que llegar la hora, llegará.» Así eran ambos: vitales y optimistas.

No todo eran puntos en común. Ella era más reservada y discreta, mientras que él era genuinamente extrovertido y jovial. En una ocasión lo llamé a casa y me atendió su asistenta. Me pidió que me esperara mientras lo iba a buscar. Al cabo de un minuto, la asistenta volvió con el siguiente mensaje: «Arthur lo llamará más tarde; me comenta que ahora no lo puede atender porque está manteniendo relaciones sexuales.» Ése era Arthur: un hombre educado y de gran cultura pero que hablaba sin tapujos. Una vez consiguió sorprenderme cuando me comentó, ya cumplidos los 90, que habían dos actividades que le elevaban el espíritu: escuchar ópera y fumar marihuana. Le pedí que intentara elevar el espíritu sólo con la primera y le recordé los efectos nocivos de la segunda.

Siempre tuve mucha química con ambos pacientes. Desgraciadamente, la vida tiene altibajos para todos, especialmente para aquellos que viven intensamente. Dos acontecimientos inesperados hicieron que mi relación con Arthur y Olivia diera un giro de 180 grados.

A mis pacientes, especialmente cuando alcanzan una cierta edad y requieren una atención más constante, les recomiendo que tengan un médico de cabecera que pueda atenderlos para resfriados, mareos, jaquecas y otras cuestiones que no requieren la intervención de un cardiólogo. Una mañana, Olivia me llamó porque estaba mareada. Por su descripción, tenía náuseas, pero no padecía dolor ni me pareció más que un simple mareo, así que le indiqué que fuera a su médico de cabecera. Aunque cuando éste le hizo un electrocardiograma, pudo comprobar que estaba sufriendo un infarto cardíaco. La ingresaron en el hospital y consiguieron estabilizar la situación. Fui a verla tan pronto como tuve noticia de lo ocurrido y me disculpé. La mujer fue amable conmigo pero distante. Al cabo de pocos días recibí una carta escrita a mano. Todavía la guardo con su ficha médica. En la carta, Olivia me detallaba, de forma educada pero firme, el motivo por el que había decidido no volver a mi consulta; tenía la sensación de que yo le había fallado. Nunca más volví a saber de ella.

El infarto de miocardio rara vez se presenta con mareos y sin dolor, pero puede darse el caso de que así ocurra. Cometí un error: dar por sentado que un paciente puede trasmitir en una conversación telefónica de cinco minutos las claves para distinguir si su problema es cardíaco o no lo es. Las «consultas telefónicas» deben considerarse con precaución porque llevan a malos entendidos y a errores de diagnóstico.

Arthur nunca me mencionó nada de lo ocurrido pero, curiosamente, a los pocos meses se desencadenó un conflicto que, como en el caso de Olivia, tuvo como escenario la consulta de su médico de cabecera. El hombre me vino a ver, como de costumbre tras nuestra primera consulta generada por Olivia, por recomendación de su médico, con quien le unía una amistad de más de medio siglo. Éste le había indicado que la fatiga que experimentaba al andar podía tener un origen cardíaco y le aconsejó que acudiera a un experto del corazón. Lo examiné, le hice una radiografía de tórax e hice un diagnóstico que a su médico se le había pasado por alto: fibrosis pulmonar idiopática.[35] Su pulmón no tenía una congestión cardíaca como había intuido su médico: tenía fibrosis.

35. La fibrosis pulmonar idiopática es una enfermedad grave de las vías respiratorias que daña los alvéolos (sacos de aire del pulmón) y reduce la transferencia de oxígeno a la sangre. El tejido pulmonar se transforma en tejido cicatrizado.

Con el objetivo de aclararle la situación y explicarle el diagnóstico, le indiqué a Arthur que su médico de cabecera estaba algo desacertado en el diagnóstico, que no tenía un problema cardíaco sino pulmonar y que le iba a recomendar a un experto en el pulmón que pudiera tratarlo. También le indiqué que yo seguiría tratando sus problemas cardíacos y que ese mismo día iba a llamar a su médico de cabecera para compartir impresiones.

Y así lo hice. Para mi sorpresa, Arthur ya había hablado con el facultativo horas antes y éste estaba muy ofendido y me acusó de haberlo desautorizado. «Usted me ha insultado; ha faltado el respeto a un colega suyo al transmitirle al paciente que yo me he equivocado», afirmó. Y eso no fue todo; por lo visto, cuando Arthur le comentó al médico que yo le había pasado el contacto de un experto en enfermedades de pulmón, el hombre llegó a la conclusión de que con este gesto yo pretendía arrinconarlo o distanciarlo de su paciente. No era ésa mi intención.

Y perdí a otro paciente: Arthur nunca más volvió a mi consulta. Su médico de cabecera le transmitió una falta de ética por mi parte por el hecho de haberlo juzgado. Siempre tengo tacto cuando un paciente tiene un diagnóstico o la opinión de otro médico que son erróneos, pero a veces es muy difícil maquillar la realidad —no le habían detectado una fibrosis pulmonar— y también es muy difícil controlar las distorsiones y las reacciones de otros. En este caso, Arthur tenía tanta confianza en su médico que, muy probablemente, fue muy directo. Y el facultativo, que apreciaba al hombre, se sintió herido y desautorizado ante un amigo y paciente de muchos años.

Lecciones para mejorar

La vida te da lecciones que te ayudan a mejorar. Los errores son una excelente oportunidad para aprender. Guardo la carta de Olivia para recordar que por teléfono nada es lo que parece y que es importante tener siempre muy presente que el paciente que te describe sus síntomas no suele tener conocimientos de cardiología.

Y el malentendido con Arthur y su médico de cabecera ilustra la importancia del tacto y de la comunicación fluida en situaciones en las que distintos médicos tratan a un mismo paciente. Es una situación muy frecuente. En algunos casos, cuando el paciente se siente más seguro con más de una opinión, se puede tratar de dos profesionales médicos de la misma especialidad. En otros, el paciente tiene un médico de cabecera y un especialista. Y en otros, se trata de especialistas de distintas ramas de la Medicina que deben trabajar juntos para tratar un problema complejo. En todos estos supuestos se puede dar la circunstancia de que dos médicos tengan opiniones distintas. O que uno de ellos esté equivocado. Evidentemente, es vital que prevalezca el diagnóstico más acertado, pero también lo es que el paciente no perciba tensiones entre los médicos que lo tratan. En el caso de Arthur, cuando éste notó una diferencia de opinión y tensión entre su médico de cabecera y yo, cerró filas con una persona que lo había tratado y cuidado toda su vida.

Una disculpa a tiempo

Si algo he aprendido a lo largo de los años es que cuando los médicos cometemos un error aunque sea mínimo, o participamos en una cadena de errores, debemos pedir disculpas al paciente o a su familia. Normalmente, las equivocaciones no se limitan a una sola persona —sobre todo en situaciones de urgencia en las que el enfermo necesita cuidados médicos inmediatos— sino que varias personas del equipo médico pueden participar en una cadena de malos entendidos que conduzcan a un fallo tan humano como evitable. En estos casos, un facultativo debe disculparse en nombre del grupo. Hacerlo es una fuente de alivio para el paciente y su familia, que necesitan entender qué falló. Es un gesto que también ayuda al facultativo.

No he vuelto a tener contacto con Arthur y Olivia. En una ocasión, de camino en coche hacia el hospital, vi a un hombre y a una mujer muy altos y de pelo blanco que se dirigían a una de las entradas de Central Park cogidos de la mano. Los vi de espaldas y no puedo asegurar que fueran ellos, aunque me gusta pensar que sí lo eran. Espero que su intensidad vital continúe.

Luis

Valentín da a sus pacientes un consejo muy sensato: recurrir a buenos especialistas puntualmente y para problemas específicos, y contar con la atención regular de un médico de cabecera que los conozca bien y pueda tratar los achaques del día a día. Tradicionalmente, el médico de cabecera ha sido una figura esencial para individuos y familias enteras. En Estados Unidos, especialmente en los años setenta, se subestimó al médico de cabecera, por considerar que sus conocimientos eran demasiado generales, y se apostó por el especialista con conocimientos profundos sobre una cuestión específica. Con el paso de los años se ha hecho evidente que médico de cabecera y especialista no son dos figuras incompatibles sino complementarias, y en la actualidad se está volviendo a reconocer la importancia de un doctor que trata a los pacientes de forma integral (holística) y conoce sus circunstancias personales y familiares.

El médico de cabecera presta atención preventiva, inculca hábitos de vida saludables y en muchas ocasiones se convierte en psicólogo y confidente de sus pacientes. También es la persona que aconseja al paciente acudir a un especialista. Hemos visto cómo en el caso de Arthur, su facultativo le recomienda que acuda a la consulta de un cardiólogo, aunque tendría que haberle recomendado un experto de pulmón. La relación de los pacientes con un buen médico de cabecera suele ser estrecha y perdura con el paso del tiempo. Y eso explica la lealtad de Arthur hacia el facultativo que lo atendía desde hacía décadas.

La importancia de decir «lo siento»

El sensato consejo de Valentín de disculparnos cuando cometemos errores me recuerda la famosa frase del poeta londinense Alexander Pope, «errar es humano», y la viñeta que vi hace poco de la caricaturista canadiense Lynn Johnston, que decía: «Una disculpa sincera es el superpegamento que repara casi todo.» Sin embargo, en nuestro mundo de la Medicina no terminan de calar estas sabias advertencias. Y no es porque no sean necesarias.

En 1999, el Instituto de Medicina de Estados Unidos, un reconocido organismo independiente que asesora en materia sanitaria, demostró que en los hospitales de este país, dos millones de pacientes sufrían anualmente daños graves y cerca de cien mil morían por errores médicos previsibles y evitables. Entre los desatinos más frecuentes se citaban la prescripción de fármacos contraindicados o en dosis venenosas, y los diagnósticos erróneos. La conclusión: cuando los fallos se ocultan, no se aprende de ellos y tienen más probabilidades de repetirse.

Este alarmante informe desencadenó un fuerte movimiento a favor de que los médicos revelen confidencialmente los errores que cometen al comité de calidad del hospital donde prestan sus servicios. El objetivo principal de esta política no es castigar a los facultativos que se equivocan, sino analizar las verdaderas raíces de sus errores y tomar las medidas oportunas para evitar que vuelvan a producirse. Sin embargo, la tarea no ha sido fácil, porque a nadie le gusta admitir sus fallos, y para los médicos, que dependemos de la confianza que la sociedad deposita en nosotros, resulta especialmente duro.

Ahora el gran reto es que los facultativos, además de comunicar privadamente sus errores a los miembros del comité de calidad del centro, pidan disculpas a los pacientes perjudicados por sus errores. Como era de esperar, la resistencia de los médicos a dar este paso es tenaz. Pese a que todos aprendemos desde pequeños a disculparnos cuando lastimamos sin intención al prójimo, en el campo de la Medicina esta expresión tan básica para la convivencia brilla por su ausencia. Algunos doctores temen que airear sus desaciertos les acarree el desprestigio profesional; otros alegan que confesar sus meteduras de pata equivale a servir en bandeja una exitosa querella a los abogados. Sin embargo, estudios recientes demuestran que cuando los facultativos admiten sus fallos, explican los hechos y piden disculpas, los pacientes perjudicados se inclinan menos a denunciarlos públicamente o a presentar una demanda judicial. A fin de cuentas, todos perdonamos a un semejante más fácilmente por un error de la cabeza que por un error del corazón.

Como Valentín, somos muchos en nuestro gremio los que estamos de acuerdo en que un «lo siento» sincero y a tiempo no sólo disipa el resentimiento del paciente dañado y modera sus impulsos de desquite, sino que humaniza al médico y dignifica al enfermo. Además, la información franca y clara sobre lo ocurrido valida las quejas del enfermo, alivia su indefensión y le tranquiliza con la expectativa de que el profesional se compromete a prevenir fallos similares en el futuro.

Desafortunadamente, a pesar de todas estas probadas ventajas, todavía demasiados médicos se niegan a disculparse. Si se les escucha atentamente, se hace evidente que el verdadero motivo de su intransigencia es que les resulta insufrible bajarse del pedestal, despojarse del halo de omnipotencia de su profesión y acercarse humanamente a sus pacientes.

Es cierto que el proverbial juramento hipocrático no dice nada sobre cómo deben comportarse los médicos cuando dañan sin querer a sus enfermos. Tampoco se habla de este tema en las facultades de Medicina ni en los programas de residencia donde se forma a los futuros médicos. No obstante, cada día se acumulan más razones de gran peso para romper esta ineficaz e indigna coraza de arrogancia y silencio.

El perdón es saludable

Es difícil hablar de las ventajas de decir «lo siento» sin reflexionar, aunque sea brevemente, sobre los beneficios del perdón. Precisamente, la frase completa de Alexander Pope que he mencionado antes es: «Errar es humano; perdonar, divino.»[36]

Resistirse a perdonar crueldades, fallos o traiciones graves es una respuesta humana muy normal. De hecho, si preguntamos a nuestro alrededor, bastante gente mantiene una lista

36. *Un ensayo sobre la crítica*, 1711.

de transgresiones incompatibles con el perdón. Hay personas que perdonan con más facilidad que otras. En general, ante los mismos agravios o ultrajes, cuanto más optimista es la persona, mayor es su inclinación a perdonar.

El problema de quienes no perdonan es que permanecen estancados en el ayer doloroso, obsesionados, amargados, aislados y ofuscados con los ajustes de cuentas, lo que les altera la paz interior. Prisioneros del rencor, viven obcecados con los malvados que quebrantaron su vida, lo que les impide cerrar la herida. A menudo, la mezcla de indefensión y resentimiento les amarra al pesado lastre que supone mantener la identidad de víctima. El papel de víctima es traicionero, pues con frecuencia seduce a los afligidos con atenciones o derechos especiales, pero al mismo tiempo les roba la energía y la confianza que necesitan para superar el trauma.

Se acostumbra a pensar que el perdón requiere un intercambio cara a cara y sincero entre el ofendido dispuesto a perdonar y el ofensor que se arrepiente. Sin embargo, este diálogo no es siempre posible. En estos casos, los agredidos deberán perdonar a solas, lo que implica un proceso lento, silencioso e íntimo en el que mandan los sentimientos. El perdón no hace que se olvide la agresión, pero sí ayuda a explicarla y entenderla desde una perspectiva menos personal, más amplia. Induce a aceptar que los errores, el sufrimiento y la maldad forman parte de la vida.

La capacidad de perdonar es una cualidad muy útil para convivir, especialmente a la hora de resolver los conflictos cotidianos en las relaciones con los demás. Distanciarse de un ayer penoso y liberarse de los perjuicios pasados facilita el restablecimiento de la paz interior, y anima a «pasar página» y abrirse de nuevo al mundo. Perdonar es también bueno para la salud. Beneficia al corazón, a la presión arterial, al sistema inmunológico y al estado emocional, como demuestran los estudios realizados en la Universidad de Stanford, California, en los años noventa.

Imagino que la tendencia humana a perdonar es una cualidad genética favorecida por la fuerza evolutiva de selección natural, porque permite a los miembros de nuestra especie hacer las paces con el ayer, reponerse y perpetuarse. Como dice Desmond Tutu, premio Nobel de la Paz en 1984, «sin perdón no hay futuro».

Capítulo veinte

Gilles: varón de 92 años con achaques cardíacos pero activo física e intelectualmente

Valentín

Gilles es un escultor francés de fama internacional que acudió a mi consulta por primera vez a los 80 años tras sufrir una angina de pecho inestable. Le hice una angiografía y pude comprobar que de las tres arterias del corazón, dos estaban prácticamente obstruidas. Le expliqué a Gilles el resultado de las pruebas y le avancé que no había motivo de alarma y que, en mi opinión, dos chequeos rutinarios anuales serían suficientes para comprobar que la situación se mantenía estable. El hombre siguió mis explicaciones con interés y me sorprendió la inteligencia y precisión de sus preguntas. En su historial médico apunté: «Sus preguntas son más minuciosas y profundas que las de la mayoría de los médicos estudiantes de cardiología.» Gilles tenía una gran curiosidad por la vida y su interés no se limitaba al arte; nada de lo humano le era ajeno. Era el perfecto hombre renacentista.

La vida de Gilles es fascinante. Nació en París, estudió Bellas Artes en la Sorbona y a los 23 años se casó con la que había sido su única novia. Tras vivir diez años en Pekín, la pareja se mudó a Londres y, finalmente, se instaló en Nueva York. Durante este periplo, el artista estudió Historia y Filosofía. En la actualidad, los museos más importantes del mundo exhiben sus obras. Tiene talleres en Nueva York, Pekín, Londres y São Paulo, y coordina un equipo de más de doscientos artistas. A pesar de su éxito, el hombre sigue trabajando y esforzándose como el primer día. No sólo diseña esculturas e instalaciones sino que, además, toca el piano y el violín, habla ocho idiomas y practica una hora de ejercicio físico diario, incluso cuando viaja al extranjero. Su esposa lo acompaña adondequiera que vaya; son inseparables.

Desde la primera vez que lo examiné en 1996, Gilles ha venido a mi consulta cada seis meses, tal como yo le había aconsejado. A principios de 2002, le realicé una prueba de esfuerzo y detecté un estrechamiento de la válvula aórtica,[37] muy típico de la edad. El hombre quería saber el impacto que podía tener el estrechamiento de una válvula del corazón en su vida. Concretamente, me preguntó si podía acortarla. Le dije que no y le avancé que, más adelante, si su problema se agravaba, le podíamos operar.

Su esposa, muy preocupada, quería que Gilles dejara de trabajar y limitara sus viajes. Le indiqué que cortar las alas a un hombre tan dinámico y curioso era un grave error. Para alguien con un espíritu tan joven e inquieto, dejar de experimentar nuevas emociones supone caer en picado. Conseguí convencerla de los beneficios que le aportaba a su marido tener una vida tan activa. El hombre era feliz cuando tenía nuevos proyectos y cruzaba océanos para dar conferencias o inaugurar exposiciones.

Uno de los motivos por los que Gilles hacía tantas preguntas era para entender perfectamente la situación y «controlarla». Quería saber cuáles eran sus puntos débiles para

37. Conocida en Cardiología con el nombre de estenosis de la válvula aórtica.

poderlos atacar a tiempo. Por ejemplo, en una ocasión me preguntó si hacer una hora diaria de ejercicio cardiovascular era aconsejable a su edad y le contesté que era muy beneficioso para su salud. Le expliqué que el ejercicio en personas de una cierta edad es muy recomendable, ya que, beneficios físicos al margen, descarga las endorfinas cerebrales, fuente de energía y vitalidad. Desde entonces viaja con una maleta que contiene varios vídeos de aerobic y una esterilla para practicar ejercicio en el suelo de su habitación de hotel.

A Gilles le encantan las nuevas aventuras, pero controla los riesgos que asume. A partir de cierta edad, algunas personas prefieren limitar sus viajes porque ya no se sienten seguras realizando desplazamientos tan largos o viajando a países exóticos. Él no. Viaja constantemente, pero es muy consciente de que tiene que planificar los desplazamientos más que antes. Antes de irse al extranjero, me llama porque «no se encuentra bien» y pide hora para un chequeo. Se trata de un impulso totalmente inconsciente; quiere irse con la seguridad de que se encuentra bien. También planifica posibles emergencias; nunca viaja a otra ciudad sin pedirme antes el contacto de un cardiólogo de mi confianza que lo pueda atender en caso de urgencia. Gracias a sus constantes viajes he podido elaborar una lista exhaustiva de los mejores cardiólogos de las principales ciudades del mundo.

El año pasado, su estenosis de la válvula aórtica se agravó y le aconsejé que se operara. Su esposa se negó en rotundo. En parejas tan unidas, esta dinámica es muy frecuente. Ella no quería que su marido entrara en el quirófano para someterse a una operación de corazón; temía que pudiera morirse en la mesa de operaciones. Y para él, la opinión de su esposa desempeñaba un papel decisivo, y nunca hubiera tomado una decisión en contra de la voluntad de ella. Así que todo mi esfuerzo se centró en convencer a la esposa de que en casos como los de Gilles, la mortalidad sin operar la válvula es más elevada que las posibilidades de morir en el quirófano.

Finalmente, la convencí. La operación fue un éxito y unas semanas más tarde Gilles pudo reanudar su actividad.

Pasión por la vida

A los 92 años, Gilles mantiene una curiosidad innata e insaciable por la vida y sigue formándose. Siempre viene a mi consulta acompañado por su esposa y con algún libro sorprendente; el último, un ensayo sobre el Tribunal Supremo de Estados Unidos.

Cumplir 92 años tiene mérito. Una gran parte de este mérito es de la persona que los cumple. Es evidente que alcanzar esa edad también depende de factores genéticos, circunstancias históricas y geográficas, y de la suerte. Pero la mayoría de los nonagenarios que, como Gilles, alcanzan esa edad en plenitud de facultades han realizado esfuerzos conscientes y muy estudiados para mantenerse sanos. Todos ellos son muy activos, física e intelectualmente. Sienten pasión por la vida y tienen «un método» para desafiar el paso del tiempo y mantener el espíritu joven. Para no perder agilidad mental, Gilles trabaja, toca el piano, hace crucigramas, lee y practica ejercicio físico. Como él, la mayoría de las personas que conozco que se acercan al siglo de vida —mi madre fue una de ellas— son extrovertidas, curiosas, sociables y muy activas.

En mi opinión, Gilles es un joven de 92 años. No soy el único que opina que es un joven con toda una vida por delante. Constantemente recibe encargos complejos que necesitarán meses e incluso años de trabajo, y no parece que la edad del artista preocupe a los responsables de estos costosos proyectos. Y a él, una vez superada la operación de corazón, su edad también le trae sin cuidado. La última vez que le vi me confesó que había decidido aceptar menos encargos y viajar menos. Un día más tarde le propusieron construir una instalación gigante en Australia. Sin pensárselo dos veces aceptó el desafío y voló hasta Sydney con su esposa, y con su maleta de aerobic, para estudiar el proyecto sobre el terreno. Me llamó para despedirse y para aconsejarme que no trabaje tanto.

Luis

Gilles nos demuestra claramente que para renovarnos y mantener la vitalidad no tenemos más remedio que vivir con las alas del aprendizaje, de la laboriosidad y del movimiento.

Como bien apunta Valentín, llegar a los 92 años con la energía, el entusiasmo y la salud de Gilles depende del equipaje genético que traemos al nacer, de la personalidad, de las experiencias de la vida, del entorno y de la suerte, y también depende de los esfuerzos conscientes que hayamos hecho a lo largo de nuestra vida adulta para minimizar y resistir los achaques y las averías típicas del envejecimiento.

Está claro que practicar conductas saludables que nos ayuden a hacer llevadera nuestra ineludible caducidad es, con seguridad, una inversión rentable. No obstante, esta tarea exige empeño y tenacidad. Requiere conocimiento de nuestro cuerpo y nuestra manera de ser, una dosis generosa de entusiasmo y flexibilidad, y el ejercicio regular de nuestras facultades físicas, mentales y sociales.

Sin embargo, la realidad es que la asignatura más descuidada de la carrera de la vida es justamente la que trata sobre cómo sobrellevar saludablemente nuestro imparable envejecimiento. La razón es que el envejecimiento es un lento y obstinado proceso de erosión y de cambios naturales que afectan a nuestro cuerpo, nuestra mente y nuestras relaciones con el mundo circundante; un proceso que la mayoría de las personas tiende a ignorar y hasta negar.

El estigma de la edad

A lo largo de los años he comprobado repetidamente que resulta muy difícil aprender a envejecer conscientemente sin antes vencer el desconocimiento, los prejuicios y los estereotipos adversos sobre la edad que existen tanto en la sociedad como dentro de nosotros mismos.

Los valores culturales ejercen una enorme influencia en el significado que le damos al envejecimiento. Precisamente, las connotaciones adversas que hoy existen de la vejez se interponen en el camino de la felicidad de mucha gente. A excepción de algunos hombres y mujeres que se conservan como el marfil antiguo o los vinos especiales de reserva, casi todas las personas de edad avanzada son vulnerables a estos prejuicios. A veces ellas mismas se consideran superfluas y optan por evadir todo tipo de actividades gratificantes y placenteras, aunque estén en condiciones de gozarlas, juzgándolas indecorosas o contrarias a las convenciones sociales.

Incluso en los países más avanzados, todavía se dictan leyes que incapacitan automáticamente a los hombres y mujeres mayores de 65 o 70 años para ejercer alguna función ejecutiva o académica, o realizar algún trabajo administrativo o manual, sin considerar en absoluto sus capacidades o aptitudes. Legislaciones o costumbres que marginan a personas por la fecha de su nacimiento ignoran que la mayoría de las personas de esa edad goza de buenas condiciones físicas y mentales, y lleva una vida activa y autosuficiente. Al mismo tiempo, estas políticas desestiman implícitamente los beneficios de la experiencia que se va sedimentando en los seres humanos con los años.

Las etapas posteriores del ciclo de la vida se caracterizan sobre todo por la sabiduría. Es una sabiduría que combina la esperanza, la voluntad, el amor y el interés por los demás con una actitud realista y despegada hacia la finitud de la vida. Las personas mayores saludables manifiestan la sabiduría con ecuanimidad, tolerancia, profundidad, coherencia, y con la capacidad de observar y distinguir lo importante y trascendental de lo que no lo es. En contraste con las grandes civilizaciones que a través de la historia han celebrado el saber de sus mayores, las sociedades actuales que sancionan la edad equiparan erróneamente el paso del tiempo con el deterioro de estas valiosas cualidades humanas.

La extensión voluntaria de los años laborales es algo que, aparte de tener sentido desde el punto de vista físico, psicológico y moral, proporciona beneficios económicos a la sociedad, al frenar el gasto en pensiones. Por todo ello, los preceptos que relegan a los mayores a la inactividad laboral son retrógrados, pasan por alto el consenso que existe entre los expertos de que la prolongación saludable de la vida ofrece la oportunidad de transformar la jubilación forzosa en una opción personal.

Pero quizás el aspecto más nefasto de este tipo de normas que discriminan a las personas por su edad es que, en el fondo, no se diferencian mucho de aquellos estatutos injustos y crueles que segregan a individuos por su raza, su sexo o sus creencias religiosas. Su claro significado de menosprecio hacia un colectivo humano no tarda en convertirse en un mensaje desesperanzador para todos.

A estas alturas del siglo XXI no existe mejor prueba del progreso, la madurez y la civilización de un pueblo que su capacidad para aceptar con firmeza y convicción la dignidad de todas las etapas de la vida humana, del proceso vital en su totalidad.

Aprender a envejecer

Todavía no sabemos con certeza la causa biológica del envejecimiento, ni cómo este proceso natural está programado en los genes humanos. No obstante, todos podemos aprender a aumentar las probabilidades de envejecer suficientemente contentos. Hoy tenemos a nuestro alcance abundantes pruebas de que la vitalidad de las últimas décadas de la existencia tiene mucho que ver con el estilo de vida que elegimos. Por ejemplo, es un hecho consabido que las personas que no fuman y practican ejercicio físico con regularidad no sólo viven más años que las que fuman y llevan una vida sedentaria, sino que soportan mejor las aflicciones que suelen acompañar al obligatorio desgaste del cuerpo, y a la hora de partir de este mundo tienen más probabilidades de que la enfermedad que preceda a su muerte sea de menos duración o se comprima en un breve período.

A medida que el futuro se contrae y el presente se acelera, el pasado se revaloriza. Por eso es tan importante que repasemos con benevolencia el ayer, que aceptemos la inalterabilidad de la vida ya vivida y nos reconciliemos con los conflictos que no se resolvieron, con los errores que no se rectificaron y con las oportunidades perdidas.

Es igualmente importante mantener una cierta autonomía, lo que no siempre es tarea fácil, ya que la energía es a veces limitada. El envejecimiento del cuerpo y de los sentidos disminuye poco a poco la libertad de acción, mientras que los órganos internos llaman la atención con sus averías. Con todo, si nos lo proponemos, casi siempre es posible adoptar un estilo de vida que incluya tareas e intereses que faciliten una vida cotidiana independiente, estimulante y activa.

El miedo al abandono, a la invalidez y a la soledad es la fuente principal de angustia durante la vejez. Por esta razón, la conexión, la comunicación, el envolvimiento y la participación en el entorno social es una necesidad fundamental. Conectarnos afectivamente con otras personas, independientemente de quienes sean, constituye un antídoto muy eficaz contra los efectos nocivos de la inseguridad. Los lazos intergeneracionales, dentro y fuera de la familia, ayudan a mantener relaciones afectivas estimulantes y a compartir experiencias pasadas y presentes. La unión y la comunicación con otros estimulan, además, el sentimiento de universalidad (el «esto no me pasa sólo a mí»).

Aunque la inmersión en proyectos de gran significado o impacto social puede ser fuente de enorme gratificación para muchas personas como Gilles, pienso que una fórmula muy eficaz para alegrarnos la vida es adoptar una dieta regular de placeres y deleites sencillos y de estímulos de nuestro sentido del humor. A la larga, los pequeños gustos y alegrías forman la cadena de la vida que nos mantiene animados y felices. «En el rocío de las cosas pequeñas el corazón encuentra su alborada y se refresca», nos recuerda el poeta libanés Jalil Gibran.[38]

Aparte de disfrutar de los buenos momentos, una estrategia beneficiosa que nos hace más resistentes a los sentimientos de vulnerabilidad es diversificar y compartimentar las parcelas que nos aportan felicidad. No debemos depender de una sola fuente para abastecer nuestra satisfacción con la vida. La variedad de actividades gratificantes nos ayuda especialmente si se nos hunde una parte de nuestra vida. Por ejemplo, la satisfacción que sentimos con la labor que hacemos en el hogar fami-

38. *El profeta*, 1923.

liar amortigua el golpe de un fracaso personal, o la pérdida de un ser querido es menos devastadora si nos sentimos unidos a un grupo de buenos amigos.

En las décadas que llevo estudiando el comportamiento humano he podido comprobar sin lugar a dudas que a la hora de adivinar si una persona mayor se siente satisfecha con su vida en general, la mejor pista para acertar es saber en qué medida goza de una autoestima saludable, posee una disposición optimista y considera que controla suficientemente su programa cotidiano. Suelen ser personas que captan el lado positivo de las cosas, disfrutan del espectáculo que les ofrece este mundo, hablan con facilidad y les gusta compartir con los demás sus disgustos y alegrías. Tienden a pensar que los problemas se solucionarán y sienten en su interior que la vida, en su conjunto, merece la pena.

Alargar y mejorar la vida humana es el reto más antiguo y ambicionado de la Medicina. Es posible que algún día lleguemos a diseñar un ser humano que viva doscientos años, pero vivir para siempre no tiene sentido biológico, es cosa de dioses. El envejecimiento es un ingrediente inseparable del tejido de nuestro ser. Por eso, la mejora de la calidad de vida, y no la inmortalidad, es la meta más práctica y sensata. En la actualidad, una vida razonablemente larga, saludable y satisfactoria ya no es el privilegio de unos pocos sino una realidad al alcance de la mayoría. El desafío ante todos nosotros es aprender a vivir y a envejecer.

Índice de ilustraciones

Índice analítico